Polyglott-Reiseführer

Normandie

Manfred Braunger

Polyglott-Verlag München

Langenscheidt Mini-Dolmetscher

Allgemeines

Guten Tag	Bonjour [bõ**~~seh~~ur**]
Hallo!	Salut! [ßa**lü**]
Wie geht's?	Ça va? [ßa **wa**]
Danke, gut.	Bien, merci. [bjẽ mär**ßi**]
Ich heiße ...	Je m'appelle ... [~~seh~~ö ma**päll**]
Auf Wiedersehen.	Au revoir. [o rö**woar**]
Morgen	matin [ma**tẽ**]
Nachmittag	après-midi [aprämi**di**]
Abend	soir [ßoar]
Nacht	nuit [nüi]
morgen	demain [dö**mẽ**]
heute	aujourd'hui [o~~seh~~ur**düi**]
gestern	hier [jär]
Sprechen Sie Deutsch?	Vous parlez allemand? [wu par**le** al**mã**]
Wie bitte?	Pardon? [par**dõ**]
Ich verstehe nicht.	Je ne comprends pas. [~~seh~~ö nö kõ**prã** pa]
Sagen Sie es bitte nochmals.	Vous pourriez répéter, s'il vous plaît? [wu pur**je** repe**te** ßil wu **plä**]
..., bitte.	..., s'il vous plaît. [ßil wu **plä**]
danke	merci [mär**ßi**]
Keine Ursache.	De rien. [dö **rjẽ**]
was / wer / welcher	quoi / qui / quel [koa / ki / käll]
wo / wohin	où [u]
wie / wieviel	comment / combien [ko**mã** / kõ**bjẽ**]
wann / wie lange	quand / combien de temps [kã / kõ**bjẽ** dö **tã**]
warum	pourquoi [pur**koa**]
Wie heißt das?	Comment ça s'appelle? [ko**mã** ßa ßa**päll**]
Wo ist ...?	Où est ...? [u ä]
Können Sie mir helfen?	Vous pouvez m'aider? [wu pu**we** mä**de**]
ja	oui [ui]
nein	non [nõ]
Entschuldigen Sie.	Excusez-moi. [äksküs**e** **moa**]
Das macht nichts.	Ça ne fait rien. [ßa nö fä **rjẽ**]

Sightseeing

Gibt es hier eine Touristeninformation?	Est-ce qu'il y a une information touristique ici? [äskil**ja** ün ẽforma**ßjõ** turis**tik** i**ßi**]
Haben Sie einen Stadtplan / ein Hotelverzeichnis?	Vous avez un plan de la ville / une liste des hôtels? [wus‿a**we** ẽ plã dö la wil / ün list des‿o**täll**]
Wann ist das Museum / die Kirche / die Ausstellung geöffnet?	Quelles sont les heures d'ouverture du musée / de l'église / de l'exposition? [käl ßõ les‿ör duwär**tür** dü müs**e** / dö le**glihs** / dö läksposi**ßjõ**]
geschlossen	fermé [fär**me**]

Shopping

Wo gibt es ...?	Où est-ce qu'il y a ...? [u äskil**ja**]
Wieviel kostet das?	Ça coûte combien? [ßa kut kõ**bjẽ**]
Das ist zu teuer.	C'est trop cher. [ßä tro **schär**]
Das gefällt mir (nicht).	Ça me plaît. / Ça ne me plaît pas. [ßa mö **plä** / ßa nö mö plä **pa**]
Gibt es das in einer anderen Farbe / Größe?	Ça existe dans une autre couleur / taille? [ßa äk**sist** dãs‿ün **o**trö ku**lör** / taj]
Ich nehme es.	Je le prends. [~~seh~~ö lö prã]
Wo gibt es hier eine Bank?	Où est-ce qu'il y a une banque ici? [u äskil**ja** ün bãk i**ßi**]
Ich suche einen Geldautomaten.	Je cherche une billetterie. [~~seh~~ö schärsch ün bijätö**ri**]
Geben Sie mir 100 g Käse / zwei Kilo Pfirsiche.	Donnez-moi cent grammes de fromage / deux kilos de pêches. [do**ne moa** ßã gram dö fro**ma~~seh~~** / döh ki**lo** dö päsch]
Haben Sie deutsche Zeitungen?	Vous avez des journaux allemands? [wus‿a**we** de ~~seh~~ur**no** al**mã**]
Wo kann ich telefonieren / eine Telefonkarte kaufen?	Où est-ce que je peux téléphoner / acheter une télécarte? [u äskö ~~seh~~ö pöh telefo**ne** / asch**te** ün tele**kart**]

Notfälle

Ich brauche einen Arzt / Zahnarzt.	J'ai besoin d'un médecin / dentiste. [~~seh~~e bös**oẽ** dẽ med**sẽ** / dä**tist**]
Rufen Sie bitte einen Krankenwagen / die Polizei.	Appelez une ambulance / la police, s'il vous plaît. [ap**le** ün äbü**lãs** / la po**lis** ßil wu **plä**]

Wir hatten einen Unfall.	On a eu un accident. [õ‿na ü ẽn‿akßi**dã**]
Wo ist das nächste Polizeirevier?	Où est le poste de police le plus proche? [u ä lö post dö po**lis** lö plü **prosch**]
Ich bin bestohlen worden.	On m'a volé. [õ‿ma wo**le**]
Mein Auto ist aufgebrochen worden.	On a fracturé ma voiture. [õn‿a fraktü**re** ma woa**tür**]

Essen und Trinken

Die Speisekarte, bitte.	La carte, s'il vous plaît. [la **kart** ßil wu **plä**]
Brot	pain [pẽ]
Kaffee	café [ka**fe**]
Tee	thé [te]
mit Milch / Zucker	au lait / sucre [o lä / **ßü**krə]
Orangensaft	jus d'orange [~~sch~~ü do**rä~~sch~~**]
Suppe	soupe [ßup]
Fisch / Meeresfrüchte	poisson / fruits de mer [poa**ssõ** / früi dö **mär**]
Fleisch / Geflügel	viande / volaille [wjäd / wo**laj**]
Beilage	garniture [garni**tür**]
vegetarische Gerichte	cuisine végétarienne [küi**sin** we~~sch~~etar**jänn**]
Eier	œufs [öh]
Salat	salade [ßa**lad**]
Dessert	dessert [de**ssär**]
Obst	fruitsv[früi]
Eis	glacev[glass]
Wein	vin [wẽ]
weiß / rot / rosé	blanc / rouge / rosé [blã / ru~~sch~~ / ro**se**]
Bier	bière [bjär]
Aperitif	apéritif [aperi**tif**]
Wasser	eau [o]
Mineralwasser	eau minérale [o mine**ral**]
mit / ohne Kohlensäure	gazeuse / non gazeuse [ga**sös** / nõ ga**sös**]
Limonade	limonade [limo**nad**]
Frühstück	petit déjeuner [pöti de~~sch~~ö**ne**]
Mittagessen	déjeuner [de~~sch~~ö**ne**]
Abendessen	dîner [di**ne**]
eine Kleinigkeit	un petit quelque chose [ẽ pö**ti** källkə **schohs**]
Ich möchte bezahlen.	L'addition, s'il vous plaît. [ladi**ßjõ** ßil wu **plä**]
Es war sehr gut / nicht so gut.	C'était très bon. / Ce n'était pas si bon. [ße**tä** trä **bõ** / ßö ne**tä** pa ßi **bõ**]

Im Hotel

Ich suche ein gutes / nicht zu teures Hotel.	Je cherche un bon hôtel / un hôtel pas trop cher. [~~sch~~ö schärsch ẽ bõn‿o**täll** / ẽn‿o**täll** pa tro **schär**]
Ich habe ein Zimmer reserviert.	J'ai réservé une chambre. [~~sch~~e resär**we** ün **schãbr**]
Ich suche ein Zimmer für … Personen.	Je cherche une chambre pour … personnes. [~~sch~~ö schärsch ün schãbr pur … pär**ßonn**]
Mit Dusche und Toilette.	Avec douche et toilette. [a**wäk** dusch e toa**lätt**]
Mit Balkon / Blick aufs Meer.	Avec balcon / vue sur la mer. [a**wäk** bal**kõ** / wü ßür la **mär**]
Wieviel kostet das Zimmer pro Nacht?	Quel est le prix de la chambre par nuit? [käll‿ä lö pri dö la **schãbr** par **nüi**]
Mit Frühstück?	Avec petit déjeuner? [a**wäk** pöti de~~sch~~ö**ne**]
Kann ich das Zimmer sehen?	Est-ce que je peux voir la chambre? [äskö ~~sch~~ö pöh **woar** la **schãbr**]
Haben Sie ein anderes Zimmer?	Est-ce que vous avez une autre chambre? [**ä**skö wus‿a**we** ün otrə **schãbr**]
Das Zimmer gefällt mir (nicht).	La chambre me plaît / ne me plaît pas. [la schãbr mö **plä** / nö mö plä **pa**]
Kann ich mit Kreditkarte bezahlen?	Est-ce que je peux payer avec une carte de crédit? [**ä**skö ~~sch~~ö pöh pä**je** a**wäk** ün kart dö kre**di**]
Wo kann ich parken?	Où est-ce que je peux laisser ma voiture? [u **ä**skö ~~sch~~ö pöh lä**sse** ma woa**tür**]
Können Sie das Gepäck in mein Zimmer bringen?	Pourriez-vous apporter mes bagages dans la chambre? [pur**je** wu apor**te** me ba**ga~~sch~~** dã la **schãbr**]
Haben Sie einen Platz für ein Zelt / einen Wohnwagen / ein Wohnmobil?	Vous avez de la place pour une tente / une caravane / un camping-car? [wus‿a**we** dö la plass pur ün **tãt** / ün kara**wan** / ẽ kãping**kar**]
Wir brauchen Strom / Wasser.	On a besoin de courant / d'eau. [õn‿a bö**soẽ** dö ku**rã** / **do**]

INHALT

Allgemeines

Städtebeschreibungen

Routen

Routen

Routen

Bildnachweis

Alle Fotos APA Publications/Jeroen Snijders außer Archiv für Kunst und Geschichte Berlin: 13/2–3; allover/Marco Stirni: 19/3; M. Braunger: 1, 7, 9, 11/1–2, 15/1–2, 19/4, 21/3, 27/3, 31/3, 35/2, 39/3, 43/2–3, 49/1–2, 55/2, 57/1, 63/3, 65/1, 65/3–4, 67/4, 69/1, 69/3, 73, 77/2, 81/3, 85/2, 87/1, 91/1, Umschlag hinten (Bild 1); H. Friedrichsmeier: 11/3, 17/1, 23/1, 27/2, 29/1, 53/1, 77/3, 83/2, 89/; M. Kappelhoff: 61; Tony Stone/Suzann & Nick Glary Umschlag (Bild); Bernd Ducke/Superbild Umschlag (Flagge)

Editorial

Ein Glück, daß es noch Landstriche wie die Normandie gibt, wo ein Bach noch ein Bach sein darf und nicht durch betonierte Ufer fließen muß, wo man Landstraßen der Natur anpaßt und nicht umgekehrt, wo einem der frische Küstenwind ganz unverblümt und frech ins Gesicht bläst und die Äpfel rot vor Begeisterung darüber, daß ihr Saft zu Schnaps gebrannt wird, aus den Baumkronen lachen. Eine der unumstößlichen Lebensweisheiten der Normannen heißt: „Es gibt ein Leben vor dem Tod." Die Lebensphilosophie, die hinter diesem Motto steckt, trifft man zwischen dem Küstenflecken Le Tréport und dem Weltwunder Mont-St-Michel ebenso wie zwischen dem altehrwürdigen Rouen und der wettergebeutelten Halbinsel Cotentin. Manche behaupten, bei den Normannen sei die von Wikingervorfahren übriggebliebene Dickschädeligkeit im Spiel, wenn sie so manchen modischen Trend mit purer Verachtung strafen und ihr Dasein nach bäuerlicher Tradition genießen.

Es hat doch wahrlich etwas Respekteinflößendes an sich, wenn sich im Zeitalter der Kalorienzähler und Diätenplaner auf normannischen Wochenmärkten die Holztische unter dem Gewicht der Sahneeimer biegen. Und zeugt es nicht von Charakter, wenn der Bauer seinem selbst-, vielleicht auch schwarzgebrannten Calvados als Volksmedizin mehr Vertrauen entgegenbringt als einer Schachtel anonymer Pillen? Die Normannen sind dafür bekannt, daß sie auf modernen Schnickschnack ebenso pfeifen wie auf das, was im fernen Paris von der hohen Politik beschlossen wird. Sie wissen, daß sie dafür als störrische Hinterwäldler eingeschätzt werden. Wer glaubt, daß sie sich gegen diese Reputation vehement zur Wehr setzen, täuscht sich.

Der Autor

Nach journalistischer Ausbildung und Berufstätigkeit bei unterschiedlichen Tageszeitungen studierte **Manfred Braunger** in Freiburg und Lusaka (Sambia) Politikwissenschaften, Ethnologie und Soziologie. Seit vielen Jahren ist er als Buchautor und Fotojournalist tätig, wobei seine Schwerpunkte auf Frankreich und Nordamerika liegen.

Europas zahme, wilde Wasserkante

Eine Landschaft der Kontraste

Was ist das bloß für ein Landstrich! Altersschiefe Kuhställe, spätgotische Kirchen und historische Burgruinen einträchtig nebeneinander; Taubenschläge so meisterhaft wie Schlossfassaden, Schwertlilien, die mit ihrem Wurzelwerk die Dachfirste reetgedeckter Bauernhäuser zusammenhalten; Rinder unter pinkfarbenen Apfelbaumwolken, Schafe auf salzigen Wiesen, die plötzlich abbrechen und abgrundtief ins Meer stürzen; Fachwerkdörfer wie Postkartenmotive unter geruchsintensiven Calvadosfahnen und Wochenmärkte, auf denen sich die Stände unter Bergen von Käse in Herzchenform biegen …

Man fühlt sich zu einer Region, die mit solcher Anmut ans Gemüt appelliert, ganz unwillkürlich hingezogen. Wo Empfindungen und Emotionen im Spiel sind, schwinden Distanzen schnell. Vielleicht fällt einem die Annäherung an die Normandie deshalb so leicht. Über 600 km sanfte und zerrissene Küstenlinie mit Stränden so flach und ungefährlich wie Badelaken; alabasterfarbene Kalkklippen so hoch und so steil wie Wolkenkratzerfassaden, windgeriffelte Dünen, Fischerdörfer und Hafenstädtchen mit aufgestapelten Reusen und leuchtfarbenen Signalbojen um die Kais; wettergebräunte Baskenmützenträger, die in der Sonne sitzend Netze flicken; Holzkisten voller Jakobsmuscheln, Seeschnecken und Austern … Das Meer, in diesem Fall *La Manche,* endet nicht am Strand der Normandie. Es prägt die ganze Region.

Was die Normandie aber so einzigartig macht, ist nicht die Nähe zum Meer allein. Die Kontraste sind es, die Faszination ausstrahlen. Mitten in der abgelegensten Provinz steht man zwischen Blumenkohläckern und Buchenhainen plötzlich vor Burgen, Schlössern und Klosterruinen, die von einer 2000-jährigen wechselhaften Geschichte erzählen. Und so manches Winzlingsdorf wird durch sein prunkvolles Renaissance-Château zum Touristenziel.

Umbruchstimmung

Die Gegenwart legt in der Normandie fesselnde Gegensätze und Widersprüche offen – und nicht nur positive. Manches Scheunentor ist in den letzten Jahren für immer zugenagelt, mancher Milchhof wegen mangelnder Rentabilität in eine Ferme-Auberge verwandelt worden, weil die Jugend seit Jahrzehnten dem herben Landleben den Rücken kehrt, weil immer größere Flächen notwendig sind, um eine Bauernfamilie zu ernähren, weil sich das Verbraucherverhalten verändert und weil der europäische Agrarmarkt neue Rahmenbedingungen vorgegeben hat.

Eine Spannung besteht nicht nur zwischen Kraut und Kunst, Gestern und Heute. Das Landleben hat sich grundlegend geändert, die Städte zeigen ein anderes Gesicht: Fastfood-Restaurants sind als Platzhirsche in die traditionellen Reviere tabakbrauner Bistros und Bars eingebrochen, Hi-Fi-Studios und elegante Jeansboutiquen haben sich hungrig durch alte Häuserzeilen gefressen, deren geschichtsträchtiges Fachwerkgebälk als Halterung für Neonreklamen gerade noch gut ist.

Das immergrüne Image der Normandie kann auch nicht verbergen, dass die Seine in den letzten Dekaden auf Platz zwei unter den am stärksten verschmutzten Flüssen Frankreichs vorgerückt ist und an den Küsten mit Kernkraftwerken und Wiederaufbereitungsanlagen für Kernbrennstoffe längst das Atomzeitalter eingekehrt ist.

Lage und Landschaft

Geographisch kann man die Normandie mit Fug und Recht als eine „europäische Randerscheinung" bezeichnen. Die Region als Teil des nordwestlichen Frankreich erstreckt sich zwischen dem dicht bevölkerten Pariser Becken und dem Ärmelkanal und wird im Nordosten durch die Picardie, im Südwesten durch die Bretagne begrenzt. Unverwechselbares normannisches Kennzeichen ist die über 600 km lange Küste, die im Pays de Caux durch spektakuläre Kreideklippen, im Département Calvados durch flache, zum Baden einladende Sandstrände und auf der Halbinsel Cotentin sowohl durch zerklüftete Felssäume als auch durch kilometerlange Badestrände gekennzeichnet ist. Die Normandie ist mit knapp 30 000 km² so groß wie Belgien.

Wenn es einen Begriff gibt, der die Normandie als Ganzes treffend beschreibt, so ist dies das Wort Vielfalt. Das gilt sowohl für die geologische Beschaffenheit als auch für die Oberflächengestalt. Westlich der gedachten Linie Alençon–Valognes wird die Region zusammen mit der Bretagne zum Armorikanischen Massiv gerechnet, das auf einem Sockel aus Granit ruht. Seine Hügel steigen wie etwa in der Normannischen Schweiz bis auf rund 400 m Höhe an. Der Osten der Normandie ist Teil des ausgedehnten Pariser Beckens und besteht aus flachen Plateaulandschaften mit Sedimentgesteinen wie Kalk und Kreide, die max. 200 m Höhe erreichen.

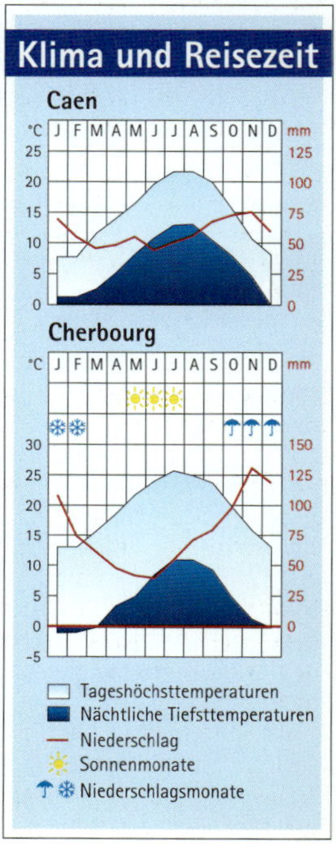

Der Küste der Halbinsel Cotentin, die im Nordwesten weit in den Ärmelkanal, La Manche, hinausreicht, sind eine Reihe von Inseln vorgelagert. Während die Channel Islands zu England gehören, sind die 17 km von Granville entfernten Iles Chausey normannisch.

Und was bedeutet *Bocage normand?* Das französische Wort steht für die stark ländlich geprägte Region im Osten von Avranches. Dort sind Äcker, Wiesen und Obstgärten häufig durch uralte Hecken getrennt, zwischen denen Straßen und Feldwege verlaufen. Seit Jahrhunderten dienen diese Gehölze sowohl dem Boden- und Windschutz als auch den Bauern zur Brennholzbeschaffung.

Klima und Reisezeit

Das milde, feuchte Meeresklima sorgt für jene Niederschläge, welche die Landschaft so sympathisch grün einfärben. Im Durchschnitt liegen die Jahrestemperaturen etwa zwischen 11 und 12 °C, wobei der nahe Golfstrom dafür sorgt, dass die Ausschläge der Quecksilbersäule nach oben wie nach unten, egal ob Sommer oder Winter, vor allem entlang der Küsten moderat ausfallen.

Steckbrief

Lage: Im nordwestlichen Frankreich zwischen Großraum Paris und dem Ärmelkanal.

Fläche: Gesamtfläche 29 907 km².

Départements: Seine-Maritime (6278 km²), Calvados (5548 km²), Orne (6103 km²), Manche (5938 km²) und Eure (6040 km²).

Bevölkerung: 3,13 Mio. Einwohner (Stand: 1997).

Bevölkerungsdichte: Größte Dichte im Département Seine-Maritime mit 190 Einw./km²; geringste Dichte im Département Orne mit 48 Einw./km².

Hauptstadt: Rouen im Département Seine-Maritime.

Höchster Punkt: Signal d'Ecouves im Norden von Alençon mit 417 m.

Küstenlänge: Rund 600 km.

Im Durchschnitt werden dort weniger als 20 Frosttage pro Jahr gezählt.

Im Landesinneren, etwa in der *Bocage normand,* trauen sich die Temperaturen schon größere Sprünge zu. Die Niederschläge betragen im Mittel 800 mm, wobei sie in der westlichen Normandie schon im Herbst und Winter fallen. Hauptreisezeit sind die Monate Juli und August, doch bietet sich für einen Urlaub auch der Herbst an.

Natur und Umwelt

In der Normandie existieren drei regionale Naturparks. Der 40 000 ha große, 1974 gegründete *Parc Naturel Régional de Brotonne* erstreckt sich entlang dem Tal der Seine von der Mündung bis etwa nach Le Trait, wo sich das Besucherzentrum befindet.

i **Maison du Parc,** 2, rondpoint Marbec, F-76580 Le Trait, ☎ 02 35 37 23 16, FAX 02 35 37 39 70; **Maison de Retraite du Parc,** Rue Pierre- et Marie-Curie, ☎ 02 35 92 82 70.

Der westliche Teil dieses Gebiets nennt sich ** *Marais Vernier* und bildet eine weitgehend unverfälschte Naturlandschaft im Seineschwemmland. Der *Parc Régional Normandie-Maine* nimmt in der zentralen Normandie zwischen Mortain im Westen und Alençon im Osten eine Fläche von 234 000 ha ein. Und dann gibt es da noch den wunderschönen *Parc Régional des Marais du Cotentin et du Bessin.* Er erstreckt sich zwischen St-Sauveur-le-Vicomte im Westen und Treviers im Osten über ein 120 000 ha großes Gebiet, das einerseits durch die typische *Bocage normand,* andererseits durch die Marschlandschaft der in die Baie des Veys mündenden Flüsse wie Vire, Seves, Tortonne und Douve charakterisiert ist.

i **Parc Naturel Régional des Marais du Cotentin et du Bessin, Maison du Parc,** Cantepie, BP 282, F-50500 Les Veys, ☎ 02 33 71 61 90.

Bevölkerung

Dünenküste des Calvados am Cap Manvieux

Die Normandie hat sich bis in die Gegenwart ihren überwiegend ländlichen Charakter erhalten, wenngleich sie mit Rouen, Le Havre und Caen drei urbane Ballungsräume besitzt. Insgesamt leben in der Region 3,13 Mio. Einwohner (Statistik von 1997), wobei die Haute Normandie mit 1,73 Mio. gegenüber der Basse Normandie mit 1,4 Mio. die Nase vorne hat.

Brauchtum

Mädchen beim Trachtenfest in Grandcamp-Maisy

Die Normandie gilt zwar gemeinhin als traditionelles Land der Bauern und Fischer, Tatsache ist aber, dass auch diese Region in der Vergangenheit viele Strukturanpassungen und Modernisierungen erfahren hat. Im Zuge dieser Prozesse haben sich Sitten und Bräuche geändert bzw. sind auf der Strecke geblieben. Standhaft haben sich über die Zeiten vor allem religiöse Wallfahrten zu den zahlreichen Pilgerzielen in der Normandie erwiesen, allen voran zum berühmten Mont-St-Michel. Nicht einmal während des Hundertjährigen Krieges verzichteten die Normannen darauf, am 29. September, dem Michaelisfest, zum Klosterfelsen zu pilgern. Die Wallfahrt findet an dem Sonntag statt, der dem Tag des Heiligen am nächsten liegt. Bei Festen und Feierlichkeiten sieht man gelegentlich noch Frauen, Männer und Kinder in alten Trachten, die in manchen Landstrichen schon ganz aus dem öffentlichen Leben verschwunden sind. Im Département Calvados beispielsweise zeigen sich Frauen und Mädchen bei besonderen Anlässen noch in langen Röcken und gestärkten Spitzenhauben.

Das Schloss von Martainville

Wirtschaft

Zwischen den einzelnen Départements sowie „Unterregionen" klaffen beträchtliche Unterschiede. Obwohl die Basse Normandie stärker ländlich orientiert ist als die Haute Normandie, gehen dort rund 120 000 Arbeitnehmer (24 % der Werktätigen) einer industriellen Beschäftigung nach (Nahrungsmittelindustrie, elektrische und elektronische Industrie sowie Automobilbau), was beinahe dem nationalen Durchschnitt Frankreichs entspricht. In weiten Bereichen der westlichen Normandie herrschen Vieh- und Pferdezucht sowie Ackerbau vor. Auch spielt die Milchwirtschaft etwa im Pays d'Auge eine große Rolle. Dort werden der weltberühmte Camembert, der Pont-l'Evêque und der Livarot hergestellt.

Mit einem Anteil von knapp 20 % in der Landwirtschaft tätigen Menschen liegen die beiden Départements Manche und Orne weit über dem nationalen Durchschnitt von 6 %. Potentester Wirtschaftsraum der Normandie ist das Tal der Seine um Rouen sowie Le Havre an der Flussmündung. Der Hafen Rouen profitiert von der Tatsache, dass er nur etwa 120 km vom Ärmelkanal landeinwärts liegt und für große Frachtschiffe erreichbar ist. Le Havre ist der Einfuhrhafen für Erdöl und spielt als Standort chemischer Industrie eine bedeutende Rolle.

Verwaltung und Politik

Die Normandie bildet als einzige von insgesamt 22 französischen Regionen eine Doppelregion, weil sie sich aus Basse und Haute Normandie zusammensetzt. Diese beiden Unterregionen bestehen aus den Départements Calvados, Manche, Orne, Seine-Maritime und Eure. Der Gesamtregion Normandie kommen seit den zwischen 1982 und 1983 verabschiedeten Dezentralisierungsgesetzen unterschiedliche Aufgaben im Bereich der Wirtschaft sowie der Bildung und Erziehung zu.

Geschichte im Überblick

58– 51 v. Chr. Römische Truppen unter Julius Cäsar erobern den Nordwesten des heutigen Frankreich.

Seit 52 v. Chr. Die Römer gründen die ersten Städte wie Rouen, Harfleur und Lisieux.

2. Jh. In der Normandie breitet sich das Christentum aus.

260 Gründung des Bistums Rouen durch Saint-Nicaise.

7. Jh. Gründung der ersten Klöster, wie Jumièges und Fontenelle, im Tal der Seine.

841 Wikinger fallen in der Normandie ein, plündern und brandschatzen die Abtei Jumièges.

911 Der Wikingerführer Rollo und der französische König Charles Le Simple unterzeichnen den Vertrag von St-Clair-sur-Epte und begründen damit das Herzogtum Normandie.

1027 Geburt von Wilhelm dem Eroberer, der sich erst 1042 gegen seine politischen Rivalen durchsetzen kann.

1066 Wilhelm erkämpft sich in der Schlacht bei Hastings mit dem Sieg über Harold die britische Krone.

1204 Anschluss der Normandie an das Königreich Frankreich.

1346 Beginn des Hundertjährigen Krieges mit der Landung des englischen Königs Edward III auf der Halbinsel Cotentin. Er beansprucht die französische Krone.

1431 Verbrennung von Jeanne d'Arc in Rouen wegen Hexerei und Ketzerei auf dem Scheiterhaufen.

1450 Die Normandie wird endgültig französisch.

1562–1598 Auseinandersetzungen während der Religionskriege zwischen

Protestanten (Hugenotten) und Katholiken (Liga). Le Havre wird 1562 von englischen Truppen besetzt.

1598 Das Edikt von Nantes garantiert den Hugenotten das Recht zur freien Religionsausübung und räumt ihnen eine politische Sonderstellung ein.

1603 Samuel de Champlain segelt von Honfleur nach Nordamerika und gründet 1608 die kanadische Stadt Quebec.

1630–1636 Pestepidemie.

1685 Der Sonnenkönig Louis XIV hebt das Edikt von Nantes aus dem Jahr 1598 auf und leitet damit die Hugenottenverfolgung ein.

1843 Fertigstellung der Bahnlinie von Paris nach Rouen.

1850 In der Nähe von Fécamp kommt Guy de Maupassant zur Welt.

1920 Heiligsprechung von Jeanne d'Arc, die zur Schutzpatronin Frankreichs erhoben wird.

1927 Die französischen Piloten Charles Nungesser und François Coli scheitern bei dem Versuch, den Atlantik ohne Zwischenstopp zu überfliegen.

1944 „Operation Overlord" beginnt am 6. Juni bei Tagesanbruch. Es geht um die koordinierte Landung der Alliierten an mehreren Küstenabschnitten.

1959 Fertigstellung der 1400 m langen Brücke von Tancarville.

1982 Einweihung des Kulturzentrums Oscar Niemeyer in Le Havre.

1994 Fertigstellung der Seinebrücke Pont de Normandie zwischen Le Havre und Honfleur.

1998 Umbau des Musée des Beaux-Arts in Le Havre.

Grab von Wilhelm Langschwert in Notre-Dame von Rouen

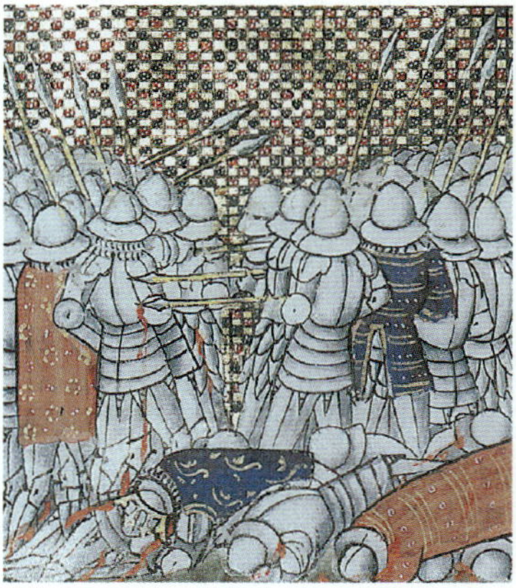

Hundertjähriger Krieg: Schlacht bei Crecy am 26. August 1346

Jeanne d'Arc, gemalt von J. A. Dominique Ingres (Louvre)

Hundert Jahre Krieg

Missliebige Familienbande haben schon häufig Mord und Totschlag heraufbeschworen. Dass eine Heirat aber einen über 100 Jahre dauernden Krieg zweier Völker nach sich zog, war selbst in der vom Frieden nicht gerade verwöhnten Geschichte Europas eine Ausnahme.

Das folgenreiche Ja-Wort tauschten im Jahr 1152 in Lisieux der Herzog der Normandie, Henri II Plantagenet, und Eleonore von Aquitanien aus. Als Henri zwei Jahre später zum englischen König gekrönt wurde, vereinigten sich in seiner Hand durch Erbschaften nicht nur England und die Normandie, sondern weite Teile des westlichen Frankreich wie Aquitanien, die Loiregrafschaften, die Gascogne sowie die Lehnshoheit über die Bretagne. Fast 200 Jahre nach der Hochzeit setzte sich der englische König Edward III in den Kopf, die beiden Kronen wieder in einer Hand zu vereinigen, nämlich der seinigen, denn mit Charles IV war 1328 die Linie der Kapetinger ausgestorben. Als Edward, ein Neffe des Königs, seinen Anspruch auf den französischen Thron erhob, löste er damit den Hundertjährigen Krieg (etwa 1339–1453) aus, der tatsächlich aus 53 Jahren Krieg und 61 Jahren mehr oder weniger echtem Frieden bestand. Während der Kriegshandlungen büßte die Region etwa ein Drittel der Bevölkerung ein. Fatale Folgen für die Zivilisten hatte der Einsatz von Kanonen, die von englischer Seite eingesetzt wurden. Katastrophal wirkte sich außerdem die Pest aus. Erst mit Hilfe Jeanne d'Arcs gelangen französischen Truppen wichtige Siege. Das inquisitorische Kirchentribunal gegen die mutige Heerführerin stand dann unter der Leitung des Bischofs von Beauvais, einem Freund der Engländer.

Kultur gestern und heute

Normannischer Genius hat die Kultur Frankreichs und sogar der Welt auf drei Gebieten – der Architektur, der Literatur und der Malerei – bereichert.

Architektur

War die Normandie während des ersten Jahrtausends nach Beginn der modernen Zeitrechnung fremdbestimmt, so zeichnete sich seit der Mitte des 11. Jhs. in der Region eine eigenständige Entwicklung auf dem Gebiet der Architektur ab. Es bildete sich ein zwar von der burgundischen Frühromanik beeinflusster, aber dennoch sichtbar normannisch geprägter Baustil heraus, für den beispielhaft die romanische Abteikirche des Klosters Jumièges sowie die romanische Emporenbasilika St-Etienne in Caen standen. Arkaden im Inneren und eine Empore mit Öffnungen zum Mittelschiff hin, die Zweiturmfassade und ein Vierungsturm über quadratischem Grundriss sind typische Merkmale normannischer Architektur.

„Exportschlager"

Der normannische Architekturstil wurde sogar „exportiert". Bekanntes Beispiel war der damalige Neubau der Londoner Westminster Abbey, der zwischen ca. 1050 und 1065 unter Edward dem Bekenner entstand.

Erster gotischer Bau war die von Abt Suger Mitte des 12. Jhs. erbaute Eglise St-Denis in der Ile-de-France, und von dort breitete sich dieser Stil über ganz Europa aus. Doch bildeten sich auch während dieser Epoche in der Normandie eigenständige Elemente, wie etwa die Laterne über der Vierung, heraus. Ein Beispiel ist die scheinbar aus Stein ziselierte Laterne der Kathedrale von Coutances. Schon während der Romanik setzten ihre Baumeister das helle Tageslicht, das durch den Vierungsturm in den eher dunklen Kirchenraum drang, gekonnt ein. Sie platzierten den Altar genau im Schnittpunkt des Himmelslichts. Während der Gotik entstanden auch in dieser Region die großen Sakralbauten. Immer üppiger geriet die Ornamentik, die dann im verschwenderischen Dekor des spätgotischen Flamboyantstils ihren Abschluss fand. Beispiele sind die Kathedrale Notre-Dame und die Kirche St-Ouen in Rouen sowie die Kirche Notre-Dame in Pont-de-l'Arche. Der Begriff „flamboyant“ bedeutet „flammend“, passend für diese Maßwerkornamentik, die zu Stein erstarrten züngelnden Flammen ähnelt.

Romanische Kirche in Manéglise, nördlich von Le Havre

Gotisches Eingangsportal von Notre-Dame in Rouen

Literatur

Eine normannische Literatur gibt es seit dem Mittelalter. Zu jener Zeit tauchten literarische Werke sowohl am Hof des Herzogs als auch in den Klöstern auf, die seit dem 7. Jh. nicht nur zu religiösen, sondern auch zu geistigen Zentren herangewachsen waren. Diese Literatur befasste sich vorrangig mit historischen Themen. So schrieb der aus Jumièges stammende Mönch Guillaume Caillouwie die „Geschichte der Wikinger“.

Mit dem Anschluss an Frankreich im frühen 13. Jh. verlor die Normandie zwar nach und nach ihre regionale Eigenständigkeit, war aber dennoch in den nachfolgenden Jahrhunderten Heimat einer Reihe weltberühmter Dichter.

Am 6. Juni 1606 wurde in Rouen *Pierre Corneille* (1606–1684) geboren, der zunächst als königlicher Jurist arbeitete, im Alter von 23 Jahren aber seine

Das Fernand-Léger-Museum in Lisores in der Nähe von Lisieux

erste Komödie verfasste und zu einem der größten Bühnendichter Frankreichs wurde. Zu seinem ersten durchschlagenden Erfolg, gleichzeitig aber auch zu seinem umstrittensten Stück, wurde 1637 die Tragikomödie „Der Cid", die einen Höhepunkt in der französischen Literatur des 17. Jhs. markierte.

Ein echter Normanne und Sohn der Hauptstadt Rouen war auch *Gustave Flaubert* (1821–1880), der seit 1835 seine ersten literarischen Versuche unternahm, aber erst 1857 mit der Veröffentlichung des kleinstädtischen Eheromans „Madame Bovary" auf sich aufmerksam machte, als er wegen Verletzung der öffentlichen Moral vor Gericht stand, jedoch freigesprochen wurde. Flaubert wandte sich in seinen Werken vehement gegen den Gebrauch der banalen Alltagssprache, gegen Klischees und Gemeinplätze, weil er einer drohenden Verwilderung der Sprache entgegenwirken wollte.

Marcel Proust

Nicht nur gebürtige Normannen ließen sich von ihrer Heimat literarisch inspirieren. Zu den berühmten „Zugereisten", die häufig die Küste des Ärmelkanals besuchten, zählte *Marcel Proust* (1871–1922). Aus gesundheitlichen Gründen verbrachte er zwischen 1881 und 1913 häufig mehrere Wochen in der Seeluft und schrieb in Cabourg seinen berühmten Romanzyklus „Auf der Suche nach der verlorenen Zeit".

Ein enge und langjährige Freundschaft verband Flaubert mit dem dritten „großen Normannen", *Guy de Maupassant* (1850–1893), der aus der Nähe von Fécamp stammte und sich nach einer Laufbahn als Beamter u. a. unter dem Einfluss Flauberts der Dichtung verschrieb. Nach ersten Versuchen als Lyriker und Dramatiker schaffte Maupassant den literarischen Durchbruch 1880 mit der Novelle „Boule de suif" (Fettklößchen), welche ein Jahrzehnt intensiven Schaffens einleitete. In dieser Zeit schrieb er sechs Romane, Reiseberichte und ungefähr 260 Novellen, ehe er 1891 in geistige Umnachtung vefiel und zwei Jahre später starb.

Malerei

Der erste bedeutende gebürtige normannische Maler, Bildhauer und Zeichner in Personalunion war *Théodore Géricault* (1791–1824) aus Rouen. Er beeinflusste die romantische Malerei Frankreichs entscheidend. Seine künstlerische Laufbahn begann er als Kopist alter Meister wie Rubens und Tizian. Aufmerksamkeit erregte er 1812 mit dem monumentalen Reitergemälde „Offizier der kaiserlichen Gardejäger beim Angriff". Sieben Jahre später schuf er mit dem „Floß der Medusa" sein Hauptwerk. Eindrucksvolle Leistungen sind seine späteren Bilder, die er von Geisteskranken malte.

Im Todesjahr von Géricault wurde in Honfleur *Eugène Boudin* (1824–1898) geboren, der seine Staffelei im Freien aufstellte und hauptsächlich Strand- und Meeresszenen unter dräuendem Himmel malte. Boudin wurde mit seiner Malerei einer der Vorläufer des Impressionismus, der sich seit den sechziger Jahren des 19. Jhs. in Frankreich herausbildete und zwischen etwa 1870 und 1880 seinen Höhepunkt erlebte. Zu den bedeutendsten Vertretern dieser Stilrichtung zählten neben Monet *Camille Pissarro, Auguste Renoir, Alfred Sisley, Jean Frédéric Bazille* und zeitweilig *Edgar Degas* und *Paul Cézanne*.

Besonders wichtige Impulse erhielt der Impressionismus von *Claude Monet* (1840–1926), der in Le Havre Boudin kennen lernte und sich von ihm zum Malen nach der Natur ermutigen ließ. Bei Studien in Paris lernte er Pissarro und wenige Jahre später Renoir, Sisley und Bazille kennen, mit denen er zusammenarbeitete. Dieser Künstlerkreis versuchte, den im Freien gewonnenen Eindruck von der Natur möglichst lebendig auf die Leinwand zu übertragen.

Claude Monet stammte aus Paris, ließ sich aber 1883 in Giverny bei Vernon in der Normandie nieder, wo er in einem Landhaus inmitten eines von ihm selbst angelegten Gartens über vier Jahrzehnte bis zu seinem Tod lebte. Bekannt wurden insbesondere seine Gemälde der Kathedrale von Rouen, die er im wechselnden Licht unterschiedlicher Tageszeiten darstellte (1894).

Während Monet „nur" Wahlnormanne war, stammten einige andere Maler aus der Region: *Raoul Dufy* (1877–1953) und *Emile Othon Friesz* (1879–1949) waren in Le Havre, *Fernand Léger* (1881–1955) in Argentan zu Hause.

Rouen: Alljährlich findet im Mai das Jeanne-d'Arc-Fest statt

Feste und Veranstaltungen

Januar/Februar: Messe in Caen.
Februar: Karneval in Granville.
März: Wurstmarkt Mortagne-au-Perche.
April: Antiquitätenmarkt in L'Aigle.
Mai: Jazzfestival in Coutances; Maifest in Evreux; Internationales Hockeyturnier in Deauville sowie Segelregatta auf dem Ärmelkanal; Großes Fest der Normandie in Etretat; Jeanne-d'Arc-Feiern in Rouen; Große Wallfahrt der Seeleute in Honfleur; Prozession der Barmherzigen Brüder in Bernay; Internationale Regatten in Cherbourg; Surfwettbewerbe am Cap d'Antifer.
Juni: Dichterfest in Forges-les-Eaux; Internationales Festival des romantischen Films in Cabourg; Internationales Ballonfestival in Balleroy; Junifest in Verneuil-sur-Avre; Wallfahrt am Dreifaltigkeitstag in Fécamp.
Juli: Jazzfestival und Pferderennen in Deauville; Internationales Folklorefestival in Domfront; Wallfahrt am Mont-St-Michel; Festival klassischer Musik in Honfleur; Jazzfestival in Trouville; Meeresfest in Fécamp; Feuerwerk in Lisieux; historisches Fest in Carrouges; Wallfahrt am Mont-St-Michel.
August: Polo-Weltmeisterschaften; Fest des Meeres und der Malerei in Yport; Windsurferwettbewerb „La Fanatic Cup" in Cabourg; Meeresfest in St-Vaast-la-Hougue; Wallfahrt in Lisieux; Licht- und Ton-Show in Forges-les-Eaux; Blumencorso in Le Havre.
September: Großes Fest der hl. Thérèse in Lisieux; Heilig-Kreuz-Markt in Lessay; Internationales Treffen der Freunde des Drachenfliegens in Dieppe; Reiter-Festival in Carrouges; St-Michel-Wallfahrt am Mont-St-Michel.
Oktober: Oldtimerrallye in Deauville; Pferderennen und Gespannparade in Haras-du-Pin; Apfelmesse in Vimoutiers.
November: Heringsmesse in Lieurey und in Dieppe; Apfelweinfest in Beuvron-en-Auge; St-Romain-Messe in Rouen; St-Martin-Messe in Neufchâtel-en-Bray.
Dezember: Truthahnfest in Sées; Nikolausmarkt in Evreux.

Essen und Trinken

Wer in der Normandie über einen der vielen Wochenmärkte schlendert, wird Zurückhaltung üben müssen, um nicht einem ungebremsten Kaufrausch zu verfallen. Die appetitlichen Angebote an den Käse-, Fisch-, Gemüse- und Fleischständen reizen erfahrungsgemäß nicht nur die Geschmacksnerven, sondern sind auch eine optische Attraktion. Damit keine Unklarheiten aufkommen: Die Küche *à la normande* kennt keine Kalorientabellen. Butter-, Sahne- und Calvadosfässer haben ihren festen Platz neben dem Herd behaupten können. Der normannische Koch verfeinert seine Speisen mit *double crème* oder mit der noch gehaltvolleren *triple crème*.

Was das Angebot an Frischfisch anbelangt, tauchen Steinbutt *(turbot)*, Lachs *(saumon)*, Rochen *(raie)*, Seeteufel *(lotte)*, Seezunge *(sole)*, Karpfen *(carpe)* und Forelle *(truite)* oder Lachsforelle *(truite de mer)* am häufigsten auf Speisekarten auf.

Nicht minder umfangreich ist die Auswahl bei den Schalentieren wie Taschenkrebsen *(tourteaux)*, Jakobsmuscheln *(coquilles St-Jacques)*, Miesmuscheln *(moules)*, Krabben *(crevettes)* oder Austern *(huîtres)*. Geradezu verpönt ist vor allem im Cotentin die Sitte, Austern mit Zitronensaft zu beträufeln. Stattdessen greift man in St-Vaast und anderswo auf lokale Zutaten zurück, wie z. B. zu einer Sauce aus Schalotten und Apfelessig. Wer die Schalentiere gegart bevorzugt, dem seien *Huîtres aux Pommes* empfohlen. In diesem Fall kommen die ausgelösten, gratinierten Austern auf leicht säuerlichen Äpfeln drapiert auf den Tisch.

Weitere typisch normannische Fischgerichte sind beispielsweise die *Marmite dieppois*, ein Fischeintopf nach Dieppper Art mit sämiger Sauce, oder die *Soupe à la graisse* (Schmalzsuppe), die aus unterschiedlichen Gemüsesorten besteht und mit Schmalz gekocht wird.

Natürlich finden sich nicht nur die Produkte des Meeres auf der Speisekarte. Beim *Agneau pré-salé*, das häufig angeboten wird, handelt es sich um Fleisch von Lämmern, die auf den von salziger Meeresluft gebürsteten Wiesen der normannischen Küste herumgelaufen sind. Beliebt sind auch Innereien, so *Tripes à la mode de Caen* (Kutteln).

Getränke

Überall in der Normandie wird Calvados serviert. Wie beim Wein sind die Geschmacks- und Qualitätsunterschiede enorm. Der Most, der zu Apfelschnaps weiterverarbeitet wird, bleibt etwa zwei Jahre lang auf seiner Hefe im Fass, ehe er in mehreren Schritten destilliert am Ende ungefähr 25 Vol.-% enthält. Das Destillat ist farblos wie Wasser und bekommt erst durch die Lagerung in Eichenfässern seine Bernsteinfarbe. Zwei Jahre alter Calvados trägt die Bezeichnung *vieux;* nach drei Jahren darf sein Produzent ihn *vieille réserve*, und nach mind. sechs Jahren *hors d'âge* nennen. Zwei weitere Gaumenfreuden sind *Pommeau*, ein 18-prozentiger Apfellikör, sowie der Kräuterlikör *Bénédictine* aus Fécamp.

Äpfel aus dem Glas

Das flüssige Markenzeichen des Département Calvados ist der weltbekannte Apfelschnaps gleichen Namens. Zum gehüteten Geheimnis eines jeden Herstellers gehört das Mischverhältnis von süßen und sauren Äpfeln, aus denen der Most gepresst wird. Bei einem Anteil von etwa 5 Vol.-% bekommt der Most die Bezeichnung *Cidre bouché*.

Urlaub aktiv

Surfen und Strandsegeln

Geradezu berühmt sind jene Küstenabschnitte, die sich aufgrund ihrer idealen Wetterbedingungen zu einem Dorado für **Windsurfer** entwickelt haben. Westküste des Cotentin: Kairon Plage, Plage de la Potinière bei Barneville-Carteret, Le Rozel, Siouville. Nordküste des Cotentin: Urville-Nacqueville. Calvados: Côte Fleurie. Côte d'Albâtre: Cap d'Antifer, Etretat, Ste-Marguerite, Mer-les-Bains. Utah Beach an der Ostküste der Halbinsel Cotentin ist Ziel der **Strandsegler.** Der flache Sand und die häufig günstigen Windverhältnisse schaffen ideale Bedingungen. Die komplette Ausrüstung kann vor Ort gemietet werden (Anfang April–Ende Sept.): Camping Le Cormoran, Ravenoville/Ste-Mère-Eglise, ☏ 02 33 41 33 94.

Segeln

Segler finden neben vielen Jachthäfen etwa 50 **Segelklubs,** die Boote vermieten, z. B. Ecole de Voile, Barneville-Carteret, ☏ 02 33 04 83 54; Yacht Club, Port Chentereyne, Cherbourg, ☏ 02 33 94 28 05; Ecole de Voile, Place Napoléon, Cherbourg, ☏ 02 33 94 13 73; Yacht Club, Granville, ☏ 02 33 50 04 25; Centre Régional de Nautisme, Granville, ☏ 02 33 50 18 95.

Reitsport

Im Pferdezuchtgebiet Pays d'Auge nimmt der **Reitsport** einen breiten Raum ein. Informationen zu Reiterhöfen unter ☏ 02 31 79 23 05.

Unterkunft

Das Angebot reicht vom historischen Schloss über das Luxushotel bis hin zum Privatzimmer auf dem Bauernhof. Viele Hotels unterliegen der Kontrolle der Direction du Tourisme, die fünf Kategorien unterscheidet. Diese Hotels sind an dem sechseckigen blauen Schild mit dem Buchstaben „H" neben dem Eingang zu erkennen. Die Anzahl der Sterne auf diesem Schild gibt über den zu erwartenden Komfort sowie über das Preisniveau Auskunft. In diesem Reiseführer sind die ersten drei Kategorien unter den Zeichen $$$, $$ und $ zusammengefasst.

Verzeichnis sämtlicher Hotels in der Region: **Comité Régional de Tourisme de Normandie,** 14, rue Charles-Corbeau, F-27000 Evreux, ☎ 02 32 33 79 00, FAX 02 32 31 19 04, e-mail: normandy@imaginet.fr.

Climat de France

Die Hotels dieser Kette liegen zumeist in touristisch interessanten Gegenden. Dank des automatischen Schlüsselabgabesystems können die Zimmer rund um die Uhr bezogen werden. Die deutsche Agentur stb-Reisen gibt ein Scheckheft mit elf Vouchers heraus, die statt Barzahlung akzeptiert werden.

stb, Platter Str. 87, D-65232 Taunusstein, ☎ 0 61 28/ 98 25 13-14, FAX 98 25 15.

Ferienwohnungen

Gîtes de France: Wer im Urlaub Ruhe sucht und Kontakt zur Bevölkerung haben will, der ist bei Gîtes de France – Ferienhäuser bzw. -wohnungen, aber auch Bauernhöfe – gut aufgehoben.

Gîtes de France, Deutsche Reservierungszentrale, Sachsenhäuser Landwehrweg 108, D-60598 Frankfurt/M., ☎ 0 69/68 35 99, FAX 68 62 36.

Logis de France

Zusammenschluss überwiegend älterer, zumeist renovierter Hotels aller Kategorien, erkennbar an einem gelben Kamin in einem grünen Wappenschild.

Logis de France Service, 83, av. d'Italie, 75013 Paris, ☎ 01 45 84 83 84, FAX 01 44 24 08 74, Internet: http://www.logis-de-france.fr.

Relais du Silence

Dieser Verband vereint Häuser in reizvoller, ruhiger Umgebung, die sich einem hohen gastronomischen Niveau verpflichten.

Informationen gibt es beim **Secretariat Relais du Silence,** 2, passage Du Guesclin, F-75015 Paris, ☎ 01 44 49 90 00.

Ferme-Auberge

Überall in der Normandie gibt es viele dieser privat geführten bäuerlichen Gasthäuser, die z. T. auch die Möglichkeit zum Übernachten anbieten. Dort werden in der Regel landestypische Mahlzeiten bzw. Menüs und Getränke serviert. Viele gehören zur Organisation der Gîtes de France (s. o.).

Formule 1

Diese Niedrigpreis-Hotels liegen nahe den Autobahnen oder an Durchgangsstraßen in Gewerbegebieten. Einfache, aber praktische Ausstattung. Dusche und WC befinden sich auf der Etage.

Formule 1, Reservierung unter der zentralen Nummer ☎ 00 33 08 36 68 56 85.

Campanile

Hotels dieser Kette liegen stets verkehrsgünstig am Stadtrandgebiet, meist an großen Verbindungsstraßen. Die Zimmer verfügen über den üblichen Zwei-Sterne-Komfort. Zur Ausstattung gehört ein Grill-Restaurant.

i **Campanile,** 31, av. Jean-Moulin, F-77200 Torcy, ☎ 01 64 62 46 46, FAX 01 64 62 46 61, ☎ in Deutschland: ☎ 01 80/334 41 61.

Behinderte

i Einen Hotel- und Restaurantführer gibt es bei: **A. P. F. Délégation de Paris,** 22, rue du Père-Guérin, F-75013 Paris, ☎ 01 44 16 83 83, FAX 01 44 16 83 80.

Jugendherbergen

Detaillierte Informationen sowie ein Gesamtverzeichnis sind beim Jugendherbergsverband des Heimatlandes zu bekommen. In Frankreich gibt es zwei Verbände mit eigenen Verzeichnissen:

i **Fédération Unie des Auberges de Jeunesse,** 27, rue Pajol, F-75018 Paris, ☎ 01 44 89 87 27, FAX 01 44 89 87 10/49. **Ligue Française pour des Auberges de la Jeunesse,** 38, bd. Raspail, F-75007 Paris, ☎ 01 44 16 78 78.
Internationale Begegnungszentren sind in der Union de Rencontres Internationales de France (27, rue de Turbigo, F-75018 Paris) zusammengefasst.

Camping und Caravaning

Während der Hauptreisezeit empfiehlt sich eine rechtzeitige Reservierung. Ein Verzeichnis sämtlicher Campingplätze der Region gibt es bei allen Fremdenverkehrsämtern.

Reisewege und Verkehrsmittel

Mit dem Flugzeug

Wer in die Normandie fliegen will, muss einen Zwischenstopp in Paris einlegen, von dort geht es beispielsweise nach Caen, Cherbourg, Deauville und Le Havre weiter. Infos über innerfranzösische Verbindungen erhält man bei den Büros der Air France.

Mit der Bahn

Die französische Eisenbahn (SNCF) gewährt den Touristen eine Reihe von Vergünstigungen. Die innerfranzösischen Tarifermäßigungen können in Deutschland bei entsprechenden Reisebüros oder direkt bei der Verkaufszentrale „Rail Europe Deutschland" gebucht werden: ☏ 0 69/97 58 46 30/31/32, 📠 97 58 46 35/20.

Billet de Séjour

Diese Fahrkarte wird nur unter der Bedingung ausgestellt, dass auf dem Hin- und Rückweg mind. 1000 km in Frankreich zurückgelegt werden. Die Ermäßigung beträgt in der ersten und zweiten Klasse 25 %.

Jugendgruppenkarten

Jugendliche, die in Gruppen zu mind. zehn Personen reisen, bezahlen mit der Karte nur die Hälfte des TGV-Preises.

Juniorpass

Reisende unter 26 Jahren bekommen mit diesem nur in Frankreich erhältlichen Pass an bestimmten Tagen eine Ermäßigung von 20 oder 50 % auf den regulären Fahrpreis.

Auskünfte erhält man auch an größeren deutschen Bahnhöfen.

RES-Karte

Dieser für ältere Reisende geschaffene Fahrausweis räumt Seniorinnen ab 60 und Senioren ab 65 Jahren einen 30-prozentigen Preisnachlass auf die regulären Preise der SNCF ein.

Mit dem Auto

Die Tarife der Autobahngebühr sind Schwankungen unterlegen. Die Gebühr kann bargeldlos mit der Eurocheque-karte bezahlt werden.

Vor Antritt der Reise sollte man sich auf jeden Fall den Auslandsschutzbrief (Autoklubs oder Versicherungen) besorgen, damit anfallende Unkosten bei Krankheit, Unfall, aber auch bei Diebstahl abgedeckt sind. Abgesehen von dem nationalen Führer- und Kraftfahrzeugschein empfiehlt sich auch für Deutsche die Mitnahme der grünen Versicherungskarte.

Alkohol am Steuer: Die Grenze liegt bei 0,5 Promille. Für die Missachtung des Rotlichts oder des Überholverbots wird ein Bußgeld ab umgerechnet 265 DM erhoben. Und wer seinen Wagen im Halteverbot abstellt, muss zwischen umgerechnet 25–70 DM berappen.

i **ADAC:** bei allen ADAC-Geschäftsstellen.
AvD: Lyoner Str. 16, D-60528 Frankfurt-Niederrad.
ÖAMTC: Schubertring 1–3, A-1010 Wien.
TCS: 9, rue Pierre-Fatio, CH-1211 Genève.

Die **Pannenhilfe** kann auf Autobahnen über die Notrufsäulen angefordert werden, auf allen anderen Straßen rund um die Uhr über den deutschsprachigen Notruf ☏ 08 00/08 92 22 oder über die ADAC-Notrufnummer ☏ 04 72/17 12 22.

Polizeinotruf (Police Secours) ☏ 17.

Üppig gestaltete Fassade Ecke Rue d'Amiens/Rue Boucheries, Rouen

Hauptstadt ** Rouen

Guckloch ins Mittelalter

Wenn sich die Sonne hinter dem Atlantik schlafen gelegt hat, kriecht in der Altstadt von Rouen das Mittelalter über das holprige Pflaster, über dem sich die Giebel der Fachwerkhäuser zu berühren scheinen. Das trübe Licht schmiedeeiserner Straßenlaternen lässt dunkle Hauseingänge und Winkel nur noch schwärzer erscheinen, und wenn der Glockenschlag einer Turmuhr im nächtlichen Stadtkern verhallt, kommt man sich unversehens vor wie in einem Film mit den Drei Musketieren ... Mit dem Unterschied, dass in der Hauptstadt der Normandie die Fachwerkhäuser mit ihren jahrhundertealten Fassaden, die gotischen Kirchen mit ihren filigranen Türmen und die bürgerlichen Renaissancepaläste nicht Kulisse, sondern historische Bausubstanz sind.

Im Banne Rouens

Von den umliegenden Höhenzügen mit bekannten Aussichtspunkten wie der * *Basilique de Bonsecours* oder dem Vorort *Canteleu* etwa sieht das Meer der Dächer und Türme von Rouen fast wie eine x-beliebige französische Großstadt aus. Ist man eingetaucht in den alten Kern der normannischen Metropole, schlagen die Jahrhunderte über einem zusammen, als sei das Mittelalter nie zu Ende gegangen.

Das Zentrum von Rouen mit seinen krummen Gassen und verwitterten Fassaden, seinem Flair von bröckelndem Putz und himmelstürmender Spätgotik nimmt einen augenblicklich gefangen, sobald man den Neustadtring mit seinen funktionalen, doch langweiligen Bauten durchquert und die Altstadt, die Herz und Seele in einem bildet, erreicht hat.

Stadtgeschichte

Das bekannteste Ereignis in der Geschichte von Rouen ist die Verbrennung von Jeanne d'Arc auf dem Scheiterhaufen im Jahr 1431. Aber die Anfänge der Stadt reichen viel weiter in die Vergangenheit zurück und nehmen seit etwa dem ersten vorchristlichen Jahrhundert erkennbare Konturen an. Schon vor Christi Geburt hatten sich am Ufer der Seine Gallier des Stammes der Veliocassen niedergelassen. Die Siedlung wurde im ersten vorchristlichen Jahrhundert von römischen Eroberungstruppen unter Julius Cäsar eingenommen.

Zu Beginn des 10. Jhs. wählte der Wikingerfürst Rollo Rouen zu seiner Hauptstadt und ließ die ersten Hafenanlagen bauen. Nach der Eroberung der Normandie durch den französischen König Philippe II Auguste im Jahr 1204 dauerte es über den Hundertjährigen Krieg hinweg bis 1450, ehe die Engländer endgültig vertrieben waren und Rouen mit der restlichen Region ein Teil Frankreichs wurde.

Bis zum Beginn der Religionskriege 1562 erlebte Rouen sein goldenes Zeitalter. Im Flamboyantstil wurden damals die Kirche St-Maclou sowie die Tour de Beurre der Kathedrale fertig gestellt. Der spätgotischen Baukunst folgte die italienische Renaissance, die in der Hauptstadt zahlreiche profane Gebäude prägte.

Erste Fayencemanufakturen sowie einige Webereien entstanden und machten die Stadt zu einem bedeutenden Wirtschaftszentrum und zentralen Warenumschlagplatz in einer Zeit, da die Seefahrt sich anschickte, Handelsbeziehungen selbst mit den fernsten Regionen der Welt anzuknüpfen. Die Religionskriege (1562–1598), der Dreißigjährige Krieg (1618–1648) und die Aufhebung des Edikts von Nantes (1685) mit der sich daraus ergebenden Flucht vieler im Geschäftsleben stehender Hugenotten ins Ausland beeinträchtigten die Fortentwicklung Rouens über lange Zeiträume hinweg, ehe im frühen 18. Jh. mit der Ansiedlung von Textilindustrien auf der Basis bislang unbekannter Techniken und Materialien eine neue Ära des Wohlstandes heraufdämmerte, zu der im 19. Jh. der Anschluss an das Eisenbahnnetz im Jahr 1843 sowie eine Erweiterung der Hafenanlagen beitrugen.

❶ Place du Vieux-Marché
❷ Maison natale Corneille
❸ Gros-Horloge
❹ Cathédrale Notre-Dame
❺ St-Maclou
❻ Aître de St-Maclou
❼ St-Ouen
❽ St-Godard
❾ Musée des Beaux-Arts
❿ Musée de la Céramique
⓫ Tour Jeanne-d'Arc
⓬ Palais de Justice

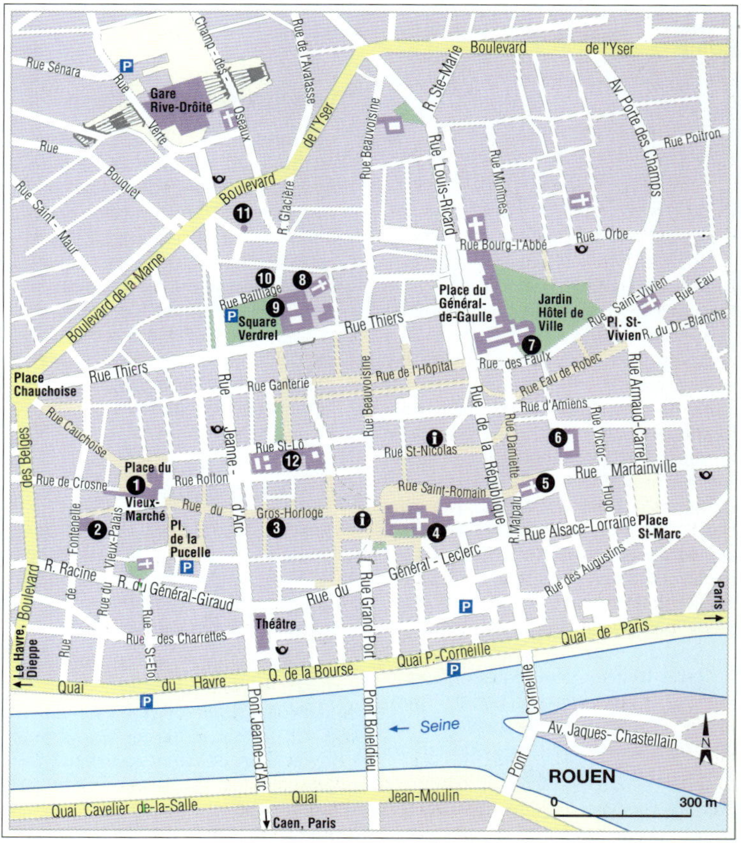

Viel einschneidender als der Deutsch-Französische Krieg von 1870/71, während dessen die Haute Normandie von deutschen Truppen besetzt wurde, waren die Auswirkungen des Zweiten Weltkriegs. Fast die gesamte Altstadt sowie große Teile der Industrieanlagen wurden zerstört. Nach dem Wiederaufbau und der Restaurierung großer Teile des alten Kerns sowie der Anlage ganzer Neubauviertel, wie etwa der *Cité Administrative* jenseits der Seine, bildet Rouen heute mit etwa 380 000 Einwohnern den größten urbanen Ballungsraum und den bedeutendsten Industriestandort in der Normandie.

Mittelalterliche Altstadt

Tipp Es versteht sich von selbst, dass man den historischen Kern zu Fuß erkundet, denn Parkplätze sind wie in allen Großstädten ausgesprochene Mangelware. Drei Stunden sollten für den Abstecher ins Mittelalter schon veranschlagt werden; Museen verlangen zusätzliche Zeit.

* Place du Vieux-Marché ❶

Auf diesem Platz markiert das 20 m hohe Kreuz jene Stelle, an der 1431 Jeanne d'Arc auf dem Scheiterhaufen verbrannt wurde (s. S. 29). Nach der Schutzpatronin Frankreichs ist die moderne, fast futuristisch anmutende Kirche (Baujahr 1979) gleich nebenan benannt. Ihre farbenprächtigen Fenster wurden jedoch im 16. Jh. gefertigt und stammen aus der 1944 zerstörten Kirche St-Vincent. Die Südseite des Platzes wird von einer Reihe historischer Fachwerkbauten eingerahmt. Hier liegt auch das kleine *Musée Jeanne d'Arc* mit seinem Wachsfigurenkabinett.

Neben dem Musée Jeanne d'Arc werben einige traditionsreiche Restaurants mit viel versprechenden Speisekarten um die Gunst des potentiellen Gastes.

Das Geburtshaus des großen Dichters Pierre Corneille (1606–1684), heute * **Maison natale de Corneille** ❷ (4, rue de la Pie), ist zumindest ein Muss für all jene, denen der Name noch aus dem Französischunterricht vertraut ist.

An der Place du Vieux-Marché beginnt die Fußgängerzone * *Rue du Gros-Horloge*. Entlang diesem alten, belebten Straßenzug entstanden im Rahmen des Wiederaufbaus moderne Schaufensterfronten, die sich in dieser Umgebung fremd und unpassend ausnehmen.

** **Gros-Horloge** ❸. Diese wahrhaft große Uhr zählt zu den bekanntesten Sehenswürdigkeiten der Stadt. Ihr goldenes Zifferblatt, das den Vergleich mit einer strahlenden Sonne aushält, wurde 1527 in den die Straße überspannenden Bogen eingesetzt. Rechts daneben erhebt sich der Beffroi.

Machtdemonstration

Der Glockenturm des Gros-Horloge spielte 1382 bei einer politischen Auseinandersetzung der Bürger mit König Charles VI eine wichtige Rolle. Als mal wieder eine Steuererhöhung beschlossen war, ließ die aufgebrachte Menge die beiden Glocken des Turms läuten. der König reagierte umgehend: Er ließ den oberen Teil des Glockenturms abreißen und vernichtete damit ein wichtiges Nachrichten- und Alarmsystem.

*** Notre-Dame ❹

Nirgendwo im Geflecht der Altstadtgassen tritt einem die mittelalterliche Architektur erhabener, ja sogar Ehrfurcht gebietender gegenüber als auf der *Place de la Cathédrale*.

Die Fertigstellung der riesigen und dennoch schwerelos wirkenden Fassade der Cathédrale Notre-Dame dauerte vom 12. Jh. bis 1530, der Grund, weshalb an dem Bauwerk sämtliche Stilrichtungen der Gotik abzulesen sind. Wie ein magisches Auge Gottes zieht im Zentrum der Fassade die um 1370 entstandene Rose den Blick des Betrachters magnetisch auf sich. Ungemein lebendig wirkt ihr Figurenschmuck. Zwei Türme, die 82 m hohe *Tour St-Romain* (links) aus dem 12. Jh. und die 77 m hohe spätgotische *Tour de Beurre* (rechts) aus der Zeit von 1485–1507 mit einem Glockenspiel aus 56 Glocken, flankieren die Fassade. Die Bezeichnung „Butterturm" bezieht sich auf eine gängige Praxis vermögender Bürger im Mittelalter. Während der Fastenzeit erkauften sie sich den kirchlichen Dispens mit dem sog. Buttergeld. Der höchste Kirchturm Frankreichs, der Mittelturm (151 m), wird von einer gusseisernen Spitze bekrönt. Alle drei Portale sind von Statuen und Bildwerken eingefasst, die in ihrer Vollkommenheit vergessen lassen, dass sie aus Stein gemeißelt sind.

Weithin sichtbar sind die Türme der Kathedrale

Im Inneren empfängt einen das nach Weihrauch duftende Halbdunkel einer langen Geschichte. Durch die Patina der Buntglasfenster fällt das gefilterte Licht und taucht das 135 m lange und 28 m hohe Kirchenschiff in ein mystisches Halbdunkel.

Eine der Hauptsehenswürdigkeiten: Gros-Horloge

Der Chor gehört mit der Krypta zu den ältesten Teilen des Bauwerks. Er geht auf einen romanischen Vorgängerbau zurück. Im Chorumgang bzw. der Apsis wurden u. a. jene vier bedeutenden Normannen beigesetzt, die die Geschichte der Region nachdrücklich prägten: Im ersten Hochgrab ruht Rollo, der mit seinem Schwur von St-Clair-sur-Epte 911 das Herzogtum begründete. Sein Sohn Guillaume Longue-Epée (Wilhelm Langschwert) vergrößerte die Region um die Halbinsel Cotentin und die Gegend um Avranches, ehe er 942 einem

Schönes altes Fachwerk in der Altstadt an der Rue Martainville

Mordanschlag zum Opfer fiel. Im dritten Grab wurde das Herz von Richard Löwenherz bestattet, der auf einem Feldzug im Limousin schwer verwundet wurde und am 6. April 1199 an Blutvergiftung starb. Die letzte Grabstelle ist die der beiden Erzbischöfe von Rouen, Georges I und II d'Amboise, von denen der erste 1494 zusammen mit Charles VII zu einem Feldzug nach Italien aufbrach. Dort angekommen, interessierte sich Georges I eingehend für die italienische Renaissance, die er nach seiner Rückkehr mit Erfolg in der Normandie propagierte. Dieses 1515 bis 1525 geschaffene Grabmal zählt zu den herausragenden Kunstwerken der Kathedrale.

Von den Querschiffen öffnen sich zwei Portale: Der reiche Figurenschmuck des *Portail de la Calende* im südlichen Kreuzarm stellt u. a. Märtyrer sowie die Taufe Jesu dar. Berühmter ist der *Portail des Libraires* (Buchhändlerportal) im nördlichen Querschiffarm mit einem Bild des Jüngsten Gerichts im Giebelfeld.

Verurteilt zum Tode

An der Nordseite der Kathedrale verläuft die *Rue St-Romain*, eine alte, schmale Gasse, durch die schon Jeanne d'Arc mit einer weißen Ketzermütze auf dem Kopf, so wie sie im Wachsfigurenkabinett (s. S. 26) dargestellt ist, gegangen sein mag. Schließlich fand dort im Erzbischöflichen Palais ihr letzter Prozess statt, bevor ihre Asche nach dem Tod auf dem Scheiterhaufen in die Seine gestreut wurde.

Bedeutende Kirchen

Der Flamboyantstil der Spätgotik ist typisch für zahlreiche Sakralbauten der Stadt, wie z. B. ****St-Maclou** ❺**. Die Bauzeit dieser Kirche lag bemerkenswerterweise zwischen 1437 und 1517, als sich der Renaissancestil bereits durchgesetzt hatte. An der Westfassade betritt man die im Vergleich zur Kathedrale recht kleine Kirche durch eine fünfteilige Vorhalle mit zwei geschnitzten Portalen, die den italienischen Einfluss erkennen lassen. Ein beliebtes Fotomotiv ist der Brunnen mit der Figur eines pinkelnden Knaben an der Nordwestecke der Kirche.

Manch einer wird sich auf seinem Spaziergang durch die Altstadt fragen, wie dieses Zentrum wohl im Mittelalter ausgesehen haben muss, als Pferdekarren tiefe Furchen in den weichen Untergrund der Gassen schnitten und das Klappern der Webstühle durch die Häuserschluchten hallte. In der Nähe von St-Maclou, genauer gesagt in der *Rue Malpalu* oder der *Rue Damiette*, nehmen solche Vorstellungen konkretere Formen an, denn dort stehen zahlreiche Bürgerhäuser, die zwischen dem 15. und 18. Jh. gebaut wurden. An der Nordseite der Kirche zieht sich die **Rue Martainville* mit den schönsten Fachwerkfassaden der Stadt entlang. Durch einen unauffälligen Hofeingang (184–186, rue Martainville) gelangt man in den ****Aître de St-Maclou** ❻**, einen rechteckigen Innenhof. Während der diversen großen Pestepidemien ab dem 16. Jh. wurde dieser Hof als Sammelplatz für die Seuchenopfer genutzt, bevor sie eine Beisetzung in Massengräbern fanden. Das Schnitzwerk der zweigeschossigen Fachwerkgalerien, die den Hof umgeben und in denen heute Studenten der **Ecole des Beaux-Arts** (Akademie der Schönen Künste) unterrichtet werden, spiegelt in makaberen Szenen Angst und Schrecken wider. Der Betrachter blickt in hohläugige Totenschädel, auf gekreuzte Gebeine und Werkzeuge des Sensenmannes wie Stundengläser und Hippen.

Die Kirche ****St-Ouen** ❼** steht in der kleinen Parkanlage des Rathauses (Hôtel de Ville). Angeblich soll schon im 4. Jh. an dieser Stelle eine Abtei gestanden haben, die 300 Jahre später unter der Leitung des hl. Audoenus

Teenager ohne Furcht und Tadel

Immer wieder gab es in der 2000-jährigen Geschichte der Stadt Rouen düstere Epochen. Aber wahrscheinlich hat kein Ereignis einen so nachhaltigen Eindruck hinterlassen wie die Verbrennung von Jeanne d'Arc auf dem Scheiterhaufen im Jahr 1431. Kriege und Revolutionen, Brandschatzungen und Bombenhagel waren nicht weniger grausam, aber sie richteten sich nicht gegen eine einzelne Person, die unentrinnbar im barbarischen Gestrüpp von Intrigen, Rivalitäten und bigotten Anmaßungen verstrickt war und die zudem eine Frau war – nicht einmal 20 Jahre alt.

Wahrscheinlich kam Jeanne im Jahr 1412 zur Welt – das genaue Geburtsdatum lässt sich nicht belegen. Ihre Wiege stand in Domrémy im Osten Frankreichs, wo ihre Eltern einen Bauernhof bewirtschafteten. Schon als 14-jährige glaubte sie, durch geheimnisvolle Stimmen zum Kampf gegen die Engländer aufgefordert worden zu sein.

Damals tobte in Frankreich der Hundertjährige Krieg (s. S. 12), mit dem die englische Krone ihren Anspruch auf französisches Territorium mit Waffengewalt durchsetzen wollte. Die entscheidende Wende in dieser Auseinandersetzung trat 1429 in dem Moment ein, als Jeanne d'Arc ihre Hauptrolle übernahm.

Unter einem Banner mit der Aufschrift „Jesus Maria", geschützt von einer weißen Rüstung, führte Jeanne im Mai 1429 das französische Heer nach Orléans, um die von den Engländern belagerte Stadt zu befreien. Mit diesem ersten Sieg schlug sich das Kriegsglück auf die Seite der Franzosen, so dass sich Charles VII in Reims zum König von Frankreich krönen lassen konnte.

Bei Compiègne fiel Jeanne in die Hände der Engländer, die sie nach Rouen überführten und sie wegen Ketzerei und Hexerei vor Gericht stellten. Als Hintergrund des Schauprozesses muss die Absicht gesehen werden, ihr in ganz Frankreich gewachsenes Ansehen zu zerstören, ihren missionarischen Eifer als Teufelswerk darzustellen und gleichzeitig den frisch gekrönten Charles VII wegen seiner Kontakte zu Jeanne zu diskreditieren.

(franz. Ouen) entstand, des Bischofs von Rouen. Wahrscheinlich ließ Rollo, dessen Denkmal im Park zu sehen ist, die Reliquien des Heiligen im Jahr 916 nach Rouen bringen, wo es im Laufe der Zeit unterschiedliche Nach- und Neubauten am Kloster gab.

Vom Hôtel de Ville zum *** Palais de Justice

Das 1767 beendete **Hôtel de Ville** steht dort, wo früher die Mönche des Klosters St-Ouen ihre Wohn- und Arbeitsräume hatten. Interessanter als der Blick auf die Fassade des Rathauses dürften in diesem Fall die Statuen von Persönlichkeiten sein, die in die-

Denkmal der Jeanne d'Arc an der Place du Vieux-Marché

sem Land Geschichte geschrieben haben: Zu nennen wären Pierre Corneille, Jeanne d'Arc und Louis XV (1710 bis 1774), der während seiner Regentschaft stark unter dem Einfluss seiner beiden Geliebten – Marquise de Pompadour, der grauen Eminenz bei Hof, und Madame Dubarry – stand.

Die Umgebung der **Place St-Godard**, benannt nach der gleichnamigen Kirche * **St-Godard** ❽ aus dem 15. Jh. mit ihren schönen Fenstern, bildet mit fünf Museen den städtischen Kulturbezirk, unter denen das ** **Musée des Beaux-Arts** ❾ (Museum der Schönen Künste; tgl. außer Di 10–18 Uhr) das bekannteste ist.

Schöne Künste

Es versteht sich fast von selbst, dass in dieser Stadt neben Werken der französischen Malerei des 16. bis 20. Jhs. vor allem die Arbeiten normannischer Künstler im ** **Musée des Beaux-Arts** im Mittelpunkt stehen. So ist Théodore Géricault (s. S. 16) eine spezielle Ausstellung gewidmet. Eine andere Abteilung befasst sich mit dem französischen Impressionismus und vor allem mit den in der Region arbeitenden Künstlern wie Monet, Renoir und Sisley (s. S. 16).

Interessant ist auch das **Musée de la Céramique** ❿ (Di Ruhetag). Zu sehen gibt es u. a. kostbare Fayencen neben einfacher Keramik aus Rouen und schöne Porzellansammlungen. Die Produktion hochwertiger Töpferarbeiten war bereits um 1550 eine Spezialität der ortsansässigen Manufakturen.

An die dunklen Stunden von Rouen erinnert in der *Rue du Donjon* die **Tour Jeanne-d'Arc** ⓫. In diesem ehemaligen Burgturm mit spitzem Kegeldach und Schießscharten statt Fenstern wurde Jeanne d'Arc gefangen gehalten und gefoltert. Eine spätere Epoche versinnbildlicht in der Altstadt das *** **Palais de Justice** ⓬ an der Place Maréchal-Foch im ehemaligen Judenviertel. Das grandios gestaltete Bauwerk entstand ab 1499 in einer Zeit, da die Renaissance den spätgotischen Flamboyantstil abzulösen begann. Beim Blick über den offenen Hof auf die Hauptfassade hat man den Eindruck, als hätte der Kathedralbaumeister Roulland le Roux ein letztes Mal all sein Können ausgespielt, um mit Würde und Respekt eine Architekturepoche zu Ende zu bringen.

Tipp

Wer nach dem Rundgang noch Puste hat, wird das **Moving Rouen** schätzen, in dem sich neben Solarium und Sauna ein arabisches Dampfbad findet und man mit Aerobic, Stretching und Wassergymnastik den Tag beschließen kann (Centre commercial St-Marc, 02 35 89 99 75, Mo–Fr 9.30–21.30, Sa bis 18, So 10–13 Uhr).

Praktische Hinweise

Syndicat d'Initiative,
25, pl. de la Cathédrale,
F-76000 Rouen,
02 32 08 32 40, 02 32 08 32 44.
Ostern–Ende Okt. Mo–Sa 9–19, So und feiertags 9.30–12.30 und 14.30-18 Uhr; Nov.–Ostern tgl. außer So 9–18.30 Uhr.

Verbindungen mit vielen französischen Großstädten. Zwischen Paris und Rouen verkehren tgl. ca. 20 Züge (Fahrzeit etwa 75 Min.).
Linien- oder Ausflugsbusse zu vielen Zielen der Region. Außerdem werden vom Syndicat d'Initiative Tagestouren zu den Klöstern im Tal der Seine (s. S. 48) angeboten.
Hafenrundfahrten im Frühjahr und Sommer (Termine und Abfahrtsstellen im Fremdenverkehrsbüro).

Mercure Altéa, Av. Aristide-Briand, 02 35 52 42 32, 02 35 08 15 06. Sehr sauberes Drei-Sterne-Hotel wenige Schritte von St-Maclou entfernt. $$

Hôtel de Dieppe, pl. B.-Tissot, ☎ 02 35 71 96 00, Fax 02 35 89 65 21. Gepflegtes Haus mit freundlichen Zimmern. $$

Hôtel des Carmes, 33, pl. des Carmes, ☎ 02 35 71 92 31, Fax 02 35 71 76 96. Kleines Hotel in günstiger Lage im historischen Zentrum. $$

Versan, 3, rue Thiers, ☎ 02 35 07 77 07, Fax 02 35 70 04 67. Das Hotel liegt günstig für Besuche der großen Museen bzw. der Kirche St-Ouen. $$

Viking, 21, quai du Havre, ☎ 02 35 70 34 95, Fax 02 35 89 97 12. Freundliches Hotel am Ufer der Seine. $

Gill, 9, quai de la Bourse, ☎ 02 35 71 16 14, Fax 02 35 71 96 91. Bestes Restaurant von Rouen, Spezialitäten sind Blätterteiggerichte oder etwa Täubchen nach Art des Hauses. $$$

Couronne, 31, pl. du Vieux-Marché, ☎ 02 35 71 40 90, Fax 02 35 71 05 78. Drei-Sterne-Restaurant in einem der ältesten Bürgerhäuser der Stadt aus dem 14. Jh. $$

Les Nymphéas, 9, rue de la Pie, ☎ 02 35 89 26 69. Hervorragende Fischgerichte wie etwa Normannische Seezunge. $$

La Luna, 26, rue St-Etienne-des-Tonneliers, ☎ 02 35 88 77 18. Im La Luna ist an der richtigen Adresse, wer gerne nach südamerikanischen Rhythmen tanzt oder Salsa-Musik hören möchte.

Bateau Ivre, 17, rue des Sapins, ☎ 02 35 70 09 05. Hier greifen die Gäste selbst zu Musikinstrumenten oder stellen ihre Gesangskunst unter Beweis – wenn zu den allabendlichen Auftritten keine „echten" Künstler eingeladen sind (Getränke im Preis inbegriffen).

Fensterrose in St-Ouen

Szenen des Schreckens im Innenhof von Aître de St-Maclou

In der Altstadt

** Dieppe

Hafen der Weltentdecker

Samstagvormittag: Der Himmel wölbt sich wie ein blauer Baldachin über der Place du Puits-Salé, auf der sich nicht nur fünf Straßen kreuzen, sondern an diesem Tag die Bauern des Umlandes ihre Stände aufgebaut haben. Samstag ist Markttag und somit Gelegenheit für ein Schnäppchen und für einen Schwatz über blank polierte Apfelberge oder aufgetürmten Weißkohl hinweg.

Stadtgeschichte

Wer das beschauliche und doch betriebsame Dieppe mit seinen 40 000 Einwohnern an solchen Tagen kennen lernt, kommt kaum auf den Gedanken, dass hier vor Jahrhunderten mutige Seefahrer an Bord ihrer Schiffe gingen, um die entferntesten Winkel der Erde zu erkunden. Männer wie etwa die Gebrüder Parmentier, Jean Cousin, Thomas Aubert und Pierre Le Moyne d'Iberville kehrten in Dieppe ihrer Heimat den Rücken, um auf tollkühnen nautischen Unternehmungen den Seeweg zur Insel Sumatra, zur Amazonasmündung, zum St.-Lorenz-Strom und das Mississippidelta zu erforschen. Die Seefahrerei hat sich seit damals im Städtchen merklich verändert: Heute dominieren moderne Fährschiffe das Hafenbild.

Damals begann die Blütezeit der Stadt, deren Name sich aus einer Verballhornung des englischen Wortes „deep“ (tief) ableitet, was als Hinweis auf die Tiefe der Gewässer vor der Küste gesehen werden muss. Im goldenen Zeitalter, also im 16. und 17. Jh., war der Wohlstand der Hafenstadt eng an den Namen der Reederfamilie Ango gekoppelt, die mit ihren Handelsschiffen das große Geld nach Dieppe brachte. Jehan d'Ango (1480–1551) stieg sogar zum Flottenberater von König François I auf.

Die Religionskriege, Pestepidemien und ein Bombardement im Jahr 1694 der mit Frankreich im Krieg befindlichen Niederländer und Briten, dem die fast ganz aus Holz erbaute Stadt zum Opfer fiel, trugen zum stetigen Niedergang von Dieppe bei. Er konnte nur durch die erfolgreiche Fischerei und die im 18. Jh. beginnende Spitzenklöppelei gebremst werden. Mit dem um 1824 einsetzenden Badetourismus begann für die Küstenstadt eine neue Ära.

Im Jahr 1942 scheiterte ein um Dieppe unternommener Landungsversuch britisch-kanadischer Truppen unter schweren Verlusten. Das Landungsunternehmen von 1944 war bekanntlich ein Erfolg.

Auf den Felsen

Tipp Wer sich der Stadt von Süden oder Westen nähert, sollte für den ersten Gesamtüberblick den ***Aussichtspunkt** ❶ oberhalb des alten Schlosses direkt am Abbruch der Steilküste anfahren.

Das ***Vieux Château** ❷, das alte Schloss (🕓 Juni–Sept. tgl. 10-12 und 14–18 Uhr; Okt.–Mai Di geschl.) über den Steilfelsen im Osten der Stadt, ist ein wuchtiger Bau (15. Jh.) mit Wehrtürmen an seinen Ecken, der seit der Grundsteinlegung mehrmals, u. a. durch den Festungsbaumeister Vauban, verändert wurde. Das Schloss war dann lange Zeit Residenz des Statthalters, ehe es zu einer Kaserne umfunktioniert wurde. 1923 zog das städtische Museum *Musée du Château* ein, das sich aufgrund seiner Elfenbeinsammlungen weit über die Stadtgrenzen hinaus einen Namen gemacht hat. Bereits im 14. Jh. hatten Diepper Seefahrer die westafrikanische Küste erreicht und von dort das „weiße Gold“ mit nach Hause gebracht. Begabte Schnitzer fer-

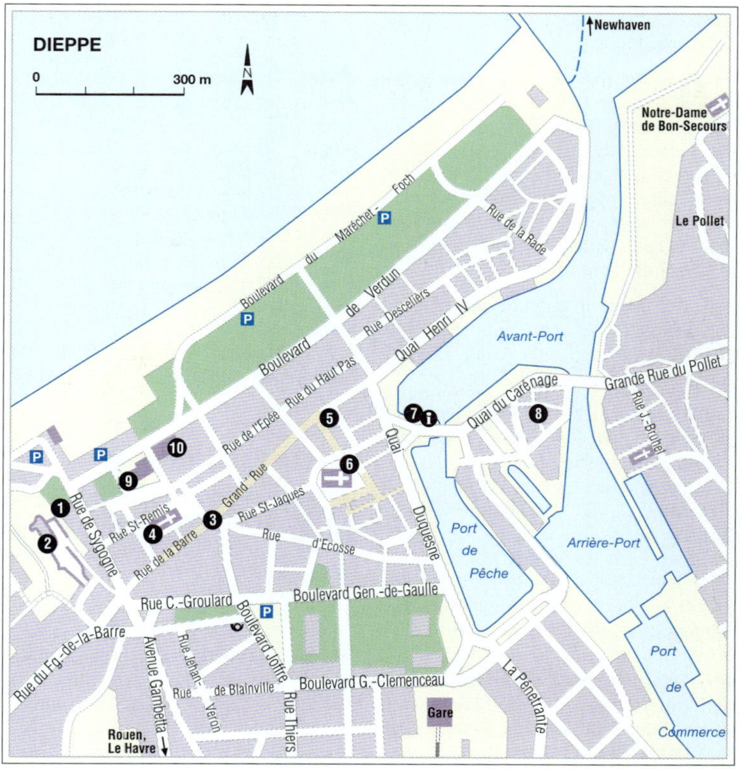

tigten aus dem edlen Material religiöse wie alltägliche Gegenstände.

Unten in der Stadt

Die **Place du Puits-Salé** ❸ – nach einem kleinen Brunnen vor dem „Café des Tribuneaux" benannt, der, wie der Name schon andeutet, ursprünglich mit Salzwasser gespeist wurde – ist Mittelpunkt des Geschäftszentrums.

Nur wenige Schritte entfernt steht **St-Rémy** ❹. Die zügige Fertigstellung des Sakralbaus wurde durch die Wirren der Religionskriege verhindert. Die beiden wichtigsten Bauphasen lagen zwischen 1552 und 1645. Die Kirche wurde mehrfach renoviert, doch sind etwa mit dem gotischen Chor sowie der Fas-

❶ Aussichtspunkt
❷ Vieux Château
❸ Place du Puits-Salé
❹ St-Rémy
❺ Place Nationale
❻ St-Jacques
❼ Pont Jehan-Ango
❽ Le Pollet
❾ Porte des Tourelles
❿ Spielkasino

sade im Louis-XIII-Stil einige originale Teile erhalten.

Die lebhafte Hauptgeschäftsstraße Grande-Rue – Fortsetzung *Quai Henri IV* – stellt die Verbindung zum Hafen her. Zum Glück konnte zwischen T-Shirt-Läden und durchgestylten Modeboutiquen der eine oder andere Tante-Emma-Laden neben einem Delikatessgeschäft seinen Platz behaupten.

Auf der **Place Nationale** ❺ erinnert das Denkmal an Abraham Duquesne (1610–1688), der unter Louis XIV die französische Flotte befehligte.

Die benachbarte Kirche * **St-Jacques** ❻ präsentiert sich als steinerne Baustilkunde. Ihre ältesten, frühgotischen Teile stammen von einem Vorgängerbau aus dem 12. Jh. Die hauptsächliche Bauzeit fiel in die Epoche der Gotik, während Teile im Innern, vor allem im Chor, der Marienkapelle und der Sakristei, im Stil des Flamboyant bzw. der Renaissance ausgeführt wurden.

Die **Pont Jean-Ango** ❼ trennt die beiden Hafenbecken *Port de Pêche* vom *Avant Port*, von dem die Fähren nach England ablegen. Auf der östlichen Seite des Hafens haben im ehemaligen Fischerviertel **Le Pollet** ❽ enge Gassen und schmale Häuser überlebt.

Essen mit Aussicht

Dieppes kleinstädtische Restaurantmeile zieht sich auf der westlichen Seite des Hafens am Quai Henri IV der Gare Maritime entlang. Wer hier an einem der kleinen Tische gemütlich Platz nimmt, kann wie von einem Logenplatz das An- und Ablegen der Englandfähren beobachten.

Die Stadt leistet sich zwei Promenadenstraßen entlang der Küste: den *Boulevard du Maréchal-Foch* sowie den *Boulevard de Verdun*, der dort verläuft, wo früher einmal eine Befestigung die Stadt gegen das offene Meer hin absicherte.

Tipp: Im zweijährigen Turnus (gerade Jahreszahlen) findet an der Promenade am Meer im September das größte Festival der Papierdrachenflieger Europas statt.

Wer sich für Meeresbiologie, Schiffsbau und die Fischerei im Ärmelkanal interessiert, muss das Aquarium **Estran – Cité de la Mer** (37, rue de l'Asile Thomas) besuchen. Zu den Resten der alten Stadtmauer gehört die von zwei wehrhaften Türmen flankierte **Porte des Tourelles** ❾ am Boulevard de Verdun in der Nähe des **Spielkasinos** ❿.

Praktische Hinweise

Syndicat d'Initiative, Pont Jehan-Ango, F-76200 Dieppe, ☏ 02 35 84 11 77, Fax 02 35 06 27 66.

Typisch **normannische Bauernmärkte** gibt es in Dieppe an folgenden Tagen und Plätzen: Sa und Di im Ortszentrum, Mi im Ortsteil Janval und Do auf der Place Dunant im Vorort Neuville (jeweils morgens).

Aguado, 30, bd. de Verdun, ☏ 02 35 84 27 00, Fax 02 35 06 17 61. Komfortables Hotel in Strandnähe. $$
La Présidence, 2, bd. de Verdun, ☏ 02 35 84 31 31, Fax 02 35 84 86 70. In der Nachbarschaft des Kasinos. $$
Plage, 20, bd. de Verdun, ☏ 02 35 84 18 28, Fax 02 35 82 36 82. Mit Blick auf Strand und Küste. $

La Présidence, 2, bd. de Verdun, ☏ 02 35 84 31 31, Fax 02 35 84 86 70. Restaurant in einem Nobelhotel mit regionaler und französischer Küche. $$
Marmite Dieppoise, 8, rue St-Jean, ☏ 02 35 84 31 12. Spezialität ist u. a. die Traditionsspeise, nach der das Lokal benannt ist. $

Le Havre

Der normannische Phönix

Die Szenerie hat Kalenderblattformat. Frischer Wind kräuselt das blaue Wasser im Bassin de la Manche. Wie eine weiße Fata Morgana gleitet ein kolossaler Überseedampfer durch das Hafenbecken zum Terminal de Grande-Bretagne. Das dröhnende Schiffshorn gibt das Signal, Leinen fliegen vom Deck und landen klatschend am Quai, rasselnd fällt die Gangway in ihre Verankerung – Endstation Le Havre.

In den 50er Jahren des 20. Jhs. entstand die Kirche St-Joseph

Mag der quirlige Betrieb am Quai auch noch so sehr in die Vorstellung von einer stimmungsvollen Hafenstadt passen: Auf Le Havre trifft das nur bedingt zu. Keine Stadt der Normandie hat ihre historische Bausubstanz durch die Einwirkungen des Zweiten Weltkriegs so vollständig eingebüßt wie diese. Ihr gesamtes Zentrum entstand mit wenigen Ausnahmen nach 1945 neu.

Der kulturelle Treffpunkt: Maison de la Culture du Havre

Geschichte

Nach 1945 entstand Le Havre nicht zum ersten Mal nach einem städteplanerischen Gesamtkonzept. 1517 wurde sie unter König François I (1515–1549) anstelle des regelmäßig von der Versandung bedrohten Hafens Harfleur angelegt.

Zu Beginn der Religionskriege wurde die stark vom Protestantismus geprägte Stadt im Jahr 1562 per Vertrag von Hampton Court englisch, aber bereits ein knappes Jahr später wieder französisch. Nachdem schon unter der Regierung von Henri IV die Hafenanlagen modernisiert worden waren, blieb es dem Gouverneur von Le Havre, Kardi-

Prächtiges Schnitzwerk in der Cathédrale Notre-Dame

nal Richelieu, vorbehalten, weitere Ausbauten vorzunehmen. Unter Finanz-, Kultus- und Marineminister Jean Baptiste Colbert (1661–1683), dem „Superminister" Louis' XIV, entwickelte sich während der Regentschaft des Sonnenkönigs nicht nur Frankreichs Kolonialreich, sondern auch der von Le Havre aus betriebene Überseehandel vor allem mit der Ostindischen Gesellschaft. Während der Auseinandersetzungen mit England richteten ein Bombardement im Februar 1694 sowie eine Beschießung im Juli 1759 große Schäden in der Stadt an. Neuen wirtschaftlichen Aufschwung verzeichnete Le Havre mit der Unabhängigkeit der amerikanischen Kolonien 1776, als der Warenhandel der Neuen Welt mit Europa sich von der englischen an die französische Küste verlagerte.

... in Schutt und Asche

Katastrophale Zerstörungen brachte der Zweite Weltkrieg mit sich. 80 000 Einwohner verloren ihre Wohnungen, 10 000 Gebäude wurden in Schutt und Asche gelegt. Der Wiederaufbau unter der Leitung des französischen Architekten Auguste Perret wurde im Prinzip zum Neuaufbau der Stadt, da nur wenige Gebäude der Innenstadt unbeschädigt geblieben waren.

Stadtbesichtigung

Place de l'Hôtel de Ville ❶. Kühle Geometrie ist das Markenzeichen dieses großen Stadtplatzes mit Blumenrabatten und einem Brunnen, die einen hübschen Park bilden. Das *Hôtel de Ville* ist ein schmuckloses, von einem 72 m hohen Turm überragtes Gebäude.

Lange Zeit vernachlässigt und von den Einheimischen nicht sonderlich geschätzt, hat der **Strand ❷** von Le Havre in jüngster Zeit sein Gesicht gründlich verändert. Der parallel zum *Boulevard Albert I* verlaufende Küstenabschnitt wurde einer kosmetischen Operation unterzogen und auf etwa 1 km Länge in einen Freizeitpark verwandelt.

Über mangelnden Zuspruch als beliebter Treffpunkt konnte sich demgegenüber der städtische Jachthafen **Port de Plaisance ❸** noch nie beklagen. Vor Sonnenuntergang spazieren die Menschen an schönen Sommerabenden zum Hafen. Im letzten Tageslicht gleitet der Blick weit über die auf und ab tanzenden Schiffsmasten hinweg. Der auffrischende Wind verfängt sich noch einmal in den farbenfrohen Surfsegeln und treibt die Bretter im rasanten Tempo über die Wellenberge hinweg. Farblos reckt sich stadteinwärts gesehen der 109 m hohe Betonturm der **Eglise St-Joseph ❹** gen Himmel. In den fünfziger Jahren entstand der Entwurf auf dem Zeichenbrett von Auguste Perret. Die Wände dieser monotonen Monumentalarchitektur sind durch bunte gläserne Ziegel aufgelockert, durch die Licht von draußen ins Innere dringt, ohne allerdings viel zur „Erhellung" des Interieurs beitragen zu können.

Musée des Beaux-Arts André Malraux ❺ (🕓 tgl. außer Mo und Di 10–12 und 14–18 Uhr). Dieses Museum ist zu einer kulturell wichtigen Institution geworden. Gleichzeitig mit dem großzügigen Bau aus Glas, Aluminium und Stahl wurde im Jahr 1961 sein „Wahrzeichen", eine monumentale Skulptur von H. G. Adam, vollendet und beim Museum aufgestellt. Die Reputation dieses Hauses als hervorragendes Kunstmuseum ist längst bis in die entlegensten Winkel Frankreichs vorgedrungen. Die Exponate stellen einen Querschnitt durch die europäische Malerei der letzten 300 Jahre dar, wobei vor allem die Arbeiten französischer, flämischer und niederländischer Meister gezeigt werden. Ganz besonderen Platz nehmen natürlich die Künstler der Normandie ein, wie etwa Eugène Boudin, Emile Othon Friesz, Raoul Dufy, Claude Monet, Camille Pissarro, Georges Braque und Jean Dubuffet.

Terminal de Grande Bretagne ❻. Die Englandfähren gehen wenige Schritte vom Stadtzentrum entfernt ebenso vor Anker wie stattliche Passagierschiffe.

Cathédrale Notre-Dame ❼. Die Fertigstellung des Baus wurde in der zweiten Hälfte des 16. Jhs. durch die Religionskriege verzögert und konnte erst 1630 mit der Westfassade vollendet werden. Die Kirche wurde bei den Bombenangriffen während des Zweiten Weltkriegs schwer getroffen. Zu den wertvollsten Details der Innenausstattung gehört die 1637 eingebaute Orgel, de-

❶ Place de l'Hôtel de Ville
❷ Strand
❸ Port de Plaisance
❹ Eglise St-Joseph
❺ Musée des Beaux-Arts André Malraux
❻ Terminal de Grande Bretagne
❼ Cathédrale Notre-Dame
❽ Musée d'Histoire Naturelle
❾ Passerelle
❿ Maison de la Culture du Havre

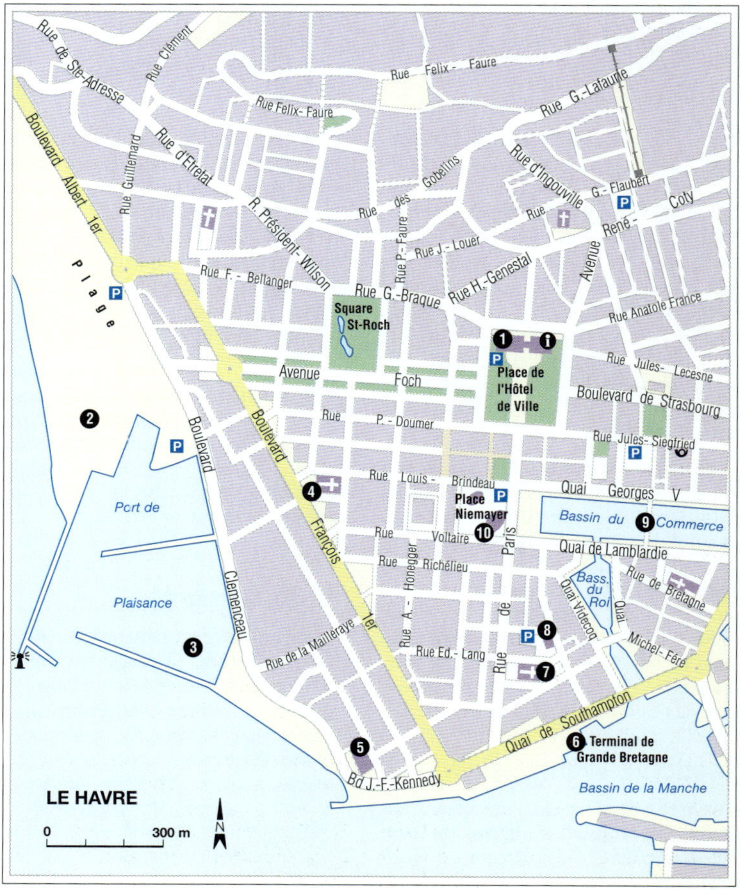

Riesenprojekt: Pont de Normandie

Im Jahr 1994 wurde mit dem Pont de Normandie ein ehrgeiziges Riesenprojekt fertig gestellt. Nach dem Pont de Tancarville und dem Pont de Brotonne handelt es sich dabei um die dritte Straßenbrücke am Unterlauf der Seine, welche eine Verbindung zwischen Le Havre und Honfleur herstellt. Die Maße des Bauwerks sind beeindruckend: Bei 2141 m Länge beträgt die Distanz der Hängebrücke zwischen den beiden 214 m hohen Stützpfeilern 856 m. Die vertikalen Träger stecken rund 50 m tief im Grund und wiegen mit jeweils etwa 20 000 t ungefähr doppelt so viel wie der Eiffelturm.

Das neue Superbauwerk überspannt einen Fluss, der seit Jahrzehnten im Namen des Fortschritts langsam, aber sicher zu Tode gequält wurde. Das hoch konzentrierte Abwasser der chemischen Werke und Papierfabriken im Umfeld des Seinetals, das Fehlen von Kläranlagen für städtische Abwässer und die Überdüngung durch die Landwirtschaft belasten den Fluss schwer. Eine geringfügige Erholung ist durch die Schließung einiger Betriebe der Schwerindustrie eingetreten. Nach einem Zeitraum von 15 Jahren kann jetzt von einer Verbesserung der Wasserqualität geredet werden.

ren hölzerne Teile mit prächtigem Schnitzwerk versehen sind.

Musée d'Histoire Naturelle ❽. Der ehemalige Justizpalast der Stadt musste nach 1945 von Grund auf wieder aufgebaut werden. Schlimmer als der architektonische Verlust war der Schaden, der an den empfindlichen naturkundlichen Exponaten entstand. Bis heute konnten die damals verloren gegangenen Exponate nicht vollständig ersetzt werden.

Östlich des Museums bildet das *Bassin du Roi* zusammen mit dem *Bassin du Commerce* zwei „Seen“ im Stadtkern, die mit dem äußeren Hafenbecken verbunden sind und auf zwei Seiten das *Quartier St-François*, das älteste Viertel von Le Havre, umschließen. Mit einem Blick auf die Karte ist leicht erkennbar, dass es sich einst um eine kleine Insel handelte, die über Brücken mit der restlichen Stadt verbunden war.

Moderne Wahrzeichen

Passerelle ❾. Wie ein Flitzebogen aus Beton mit Stahlseilen überspannt diese Fußgängerbrücke das *Bassin du Commerce*. Von ihrem Scheitelpunkt ergibt sich der schönste Blick auf die zentrale *Place Niemeyer*. Unübersehbares Wahrzeichen des neuen Le Havre ist die ultramoderne **Maison de la Culture du Havre ❿** an der Place Niemeyer. 1982 eingeweiht, zählt das Kulturzentrum zu den wenigen Hauptwerken des brasilianischen Architekten Oscar Niemeyer, die dieser außerhalb seines Heimatlandes fertig stellte.

Tipp Le Havre will die Jahrtausendwende mit einer speziellen Beleuchtung historischer und moderner Bauten (u. a. St-Joseph, Fußgängerbrücke über das Bassin du Commerce, Zentrum Oscar Niemeyer) feiern.

Kultur en gros

Das Kulturzentrum besteht aus zwei asymmetrischen Gebäuden. Das größere, mit Theater, Kino und Ausstellungen, kennen die Einheimischen besser unter dem Namen *Le Grand Volcan* (der große Vulkan), während andere Vergleiche mit dem Kühlturm eines Atomkraftwerkes oder einem auf den Kopf gestellten Joghurtbecher heranziehen.

Praktische Hinweise

Tipp Syndicat d'Initiative, Forum de l'Hôtel de Ville, BP 649, F-76059 Le Havre, ☎ 02 32 74 04 04, Fax 02 35 42 38 39.
Strecke Le Havre–Rouen–Paris, mehrmals tgl.
Über Etretat nach Fécamp oder über Pont-Audemer nach Honfleur.
Fähren mehrmals tgl. nach Portsmouth und Southampton (☎ 02 35 19 78 78), mehrmals pro Woche nach Irland (☎ 02 35 19 24 00).

Hôtel de Bordeaux, 147, rue L.-Brindeau, ☎ 02 35 22 69 44, Fax 02 35 42 09 27. Fußnähe zu den Sehenswürdigkeiten der Innenstadt. $$$
Mercure, chaussée d'Angoulême, ☎ 02 35 19 50 50, Fax 02 35 19 50 99. Vornehmstes und am besten ausgestattetes Hotel der Stadt. $$$
Hôtel le Marly, 121, rue de Paris, ☎ 02 35 41 72 48, Fax 02 35 21 50 45. Zentrales, gepflegtes Stadthotel. $$
Hôtel Foch, 4, rue Caligny, ☎ 02 35 42 50 69, Fax 02 35 43 40 17. Zentral neben St-Joseph. $$
Le Green, 209, bd. de Strasbourg, ☎ 02 35 22 63 10, Fax 02 35 22 57 62. Sauber, aber ohne großen Komfort. $$
Bauza, 15, rue Georges-Braque, ☎ 02 32 74 08 20, Fax 02 35 42 13 67. Nahe der Place de l'Hôtel-de-Ville. $

Le Petit Bedon, 39, rue L.-Brindeau, ☎ 02 35 41 36 81, Fax 02 35 21 09 24. Die erste Adresse in Le Havre – natürlich mit dem entsprechenden Preisniveau, erste Augusthälfte geschlossen. $$$
Yves Page, 7, pl. Clémenceau, Ste-Adresse, ☎ 02 35 46 06 09. Spezialisiert auf Meeresfrüchte. $$

Tipp Informationen für Golfer, die in der Normandie ihrem Hobby frönen wollen, gibt es bei: **Ligue de golf de Normandie,** 94, rue St-Jacques, 76600 Le Havre, ☎ 02 35 42 71 19, Fax 02 35 42 71 23.

Die Fußgängerbrücke über das Bassin du Commerce

Die Villa Maritime am Bd. Albert I

Postmodernes Straßencafé an der Place de l'Hôtel de Ville

**Caen

Romanisches Juwel mit modernem Schliff

Historisches Urgestein, das sich von seiner irdischen Schwere löste, um in den Himmel aufzusteigen – so liegt sie da, die Männerabtei von Caen, eine von emsigen Händen gemauerte Steinlandschaft aus gedrungenen Gewölben, Arkaden, Stützen, Streben, Dächern und nadelspitzen Türmen. Feldzüge, Kriege, Rivalitäten und Revolutionen brachten ihr schwere Schläge bei, von denen manche Narben blieben – aber sie hat überlebt. Und wer aus der Helligkeit eines Sommernachmittags in das lautlose Dunkel der alten Abteikirche tritt, beginnt zu spüren, wie betroffen 900 Jahre Geschichte machen können, die zwischen den hoch aufragenden Pfeilern wohnen.

Stadt der Künste, Hochburg der Romanik, Residenz von Wilhelm dem Eroberer – Caen, die fast 200 000 Einwohner zählende Hauptstadt der Basse Normandie, trägt diese Beinamen zu Recht.

Geschichte

Zu gallo-römischen Zeiten hieß die in einem Sumpfgebiet liegende Siedlung Cadomus und führte über Jahrhunderte hinweg ein Schattendasein, ehe Wilhelm der Eroberer sie im 11. Jh. zu seiner bevorzugten Residenz machte und dort eine Burg errichten ließ. Als Papst Nicolas II nach der Heirat Wilhelms mit seiner Cousine Mathilde von Flandern die Rücknahme der Exkommunikation des Herzogs von einer Buße abhängig machte, gründete das königliche Paar zwei Klöster, die heute zu den herausragenden romanischen Bauwerken der Normandie zählen. In den beiden nachfolgenden Jahrhunderten zogen in der Stadt Herren unterschiedlicher Herkunft ein. Im Jahr 1204 besetzten die Franzosen Caen. Doch sowohl 1346 als auch 1417 bemächtigten sich die Engländer der alten Herzogsresidenz, ehe sie 1450 endgültig an Frankreich fiel.

Im 16. Jh. forderte nicht nur eine Pestepidemie von der Bevölkerung ihren Tribut; der Beginn der Religionskriege brach mit einer Welle von Gewalt auch über diese Stadt herein. Schwere Zeiten hatte sie ebenfalls während der Französischen Revolution zu überstehen, als sie zur Fluchtburg der Girondisten wurde.

Bomben auf Caen

Wie andere normannische Städte erlitt auch Caen im Zweiten Weltkrieg schwere Zerstörungen, vor allem während der zweimonatigen Schlacht im Jahr 1944. Nahezu das gesamte Stadtzentrum musste nach 1945 neu aufgebaut werden. Wie durch ein Wunder waren die meisten historisch bedeutenden Baudenkmäler vom Bombenhagel weitgehend verschont geblieben.

Auf der Burg

Das Château ❶

Unübersehbar thront im Stadtmittelpunkt auf einer kleinen Anhöhe das **Château.** Es wurde im Auftrag von Wilhelm dem Eroberer 1060 begonnen. In den folgenden Jahrhunderten ließen die jeweiligen Schlossherren die Anlage aus- und umbauen sowie vergrößern, ehe im Verlauf der Französischen Revolution der Kern der Festung abgetragen wurde. Damit waren die Schicksalsstunden der wuchtigen Anlagen aber noch lange nicht gezählt. Sie schlugen vielmehr im Zweiten Weltkrieg, an dessen Ende das historische Gemäuer nur noch ein Ruinenfeld war.

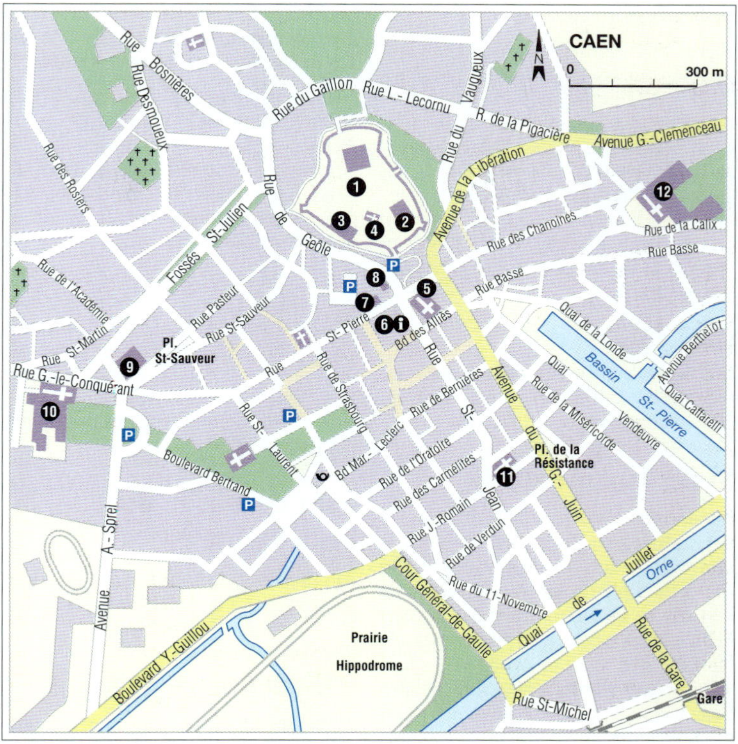

Nach 1945 wieder aufgebaut, zogen in der Nachkriegszeit als neue „Hausherren“ die Kulturdezernenten der Stadt ein. Sie eröffneten zwei bedeutende Museen und machten den Ort zu einer Hochburg für Kunst und Geschichte.

* Musée des Beaux-Arts ❷

In diesem Museum hängen Werke so berühmter Künstler wie Veronese, Tintoretto, Rubens, Le Brun und Boucher. Französische und italienische Meister des 17. Jhs. sind schwerpunktmäßig am stärksten vertreten. Spezielle Sammlungen beschäftigen sich mit Malern, die sich von der Landschaft der Normandie inspirieren ließen. Zum Bestand gehören rund 50 000 Stiche sowie eine seltene Fayencensammlung aus Rouen (🕓 tgl. außer Di 10–18 Uhr).

❶ Château
❷ Musée des Beaux-Arts
❸ Musée de Normandie
❹ Chapelle St-Georges
❺ St-Pierre
❻ Hôtel d'Escoville
❼ Musée de la Poste et des Techniques de Communication
❽ Hôtel des Quatrans
❾ Palais de Justice
❿ Abbaye aux Hommes
⓫ St-Jean
⓬ Abbaye aux Dames

Musée de Normandie ❸

Nicht mit Kunst, sondern mit Geschichte befasst sich dieses 1963 gegründete Museum, das in die frühere Gouverneursresidenz innerhalb des Burgareals eingezogen ist. Anschaulich ist die lokale Vor- und Frühgeschichte, die gallo-römische Zeit sowie die Epoche der Wikinger präsentiert. Trachten, Handwerksgeräte und Möbel gestalten den Blick in die Geschichte recht abwechslungsreich.

Chapelle St-Georges ❹

Die ältesten Teile der Kapelle datieren aus dem 12. Jh.; sie wurde aber im 15. Jh. umgebaut.

In der Innenstadt

An der *Porte sur la Ville* hat man auf der Südseite der Burg Caens Innenstadt und wichtigstes Geschäftsviertel direkt vor sich. Beherrschendes Bauwerk ist ***St-Pierre ❺**. Ohne Übertreibung darf behauptet werden, dass dieser Sakralbau zu den spätgotischen (13. und 16. Jh.) Juwelen der Normandie gehört. Seit eh und je krönt ein goldener Hahn die Spitze des 78 m hohen Turmes, der sich eigentlich nach dem Wind drehen sollte, aber wie üblich bei so exponiertem Zierwerk irgendwann festgerostet war. Im Inneren gehört die Apsis mit den Buntglasfenstern mit Abstand zu den sehenswertesten Details.

Wie die schönen Bürgerhäuser von Caen vor dem Krieg aussahen, lässt das historische **Hôtel d'Escoville ❻** an der *Rue St-Jean* erahnen. Den von der Renaissance beeinflussten Bau ließ sich ein reicher Geschäftsmann nach Plänen von einem italienischen Architekten errichten. Heute ist hier die Touristeninformation untergebracht.

Hinter einer uralten Fachwerkfassade mit geschnitzten Balken versteckt sich in der *Rue St-Pierre* (Nr. 52) das **Musée de la Poste et des Techniques de Communication ❼**. Zu sehen sind die teils raren Exponate aus der Zeit der Postkutschen und Postillione, aber auch über Kommunikationssysteme wie die Telegrafie lässt sich einiges erfahren.

Ein weiterer Prachtbau im Fachwerkstil ist das ***Hôtel des Quatrans ❽** an der *Rue de Geôle* (Nr. 31) mit seinen holzeingefassten Butzenscheiben. Das dreigeschossige Haus, das im 14. Jh. begonnen wurde, besitzt einen Innenhof mit viel Atmosphäre.

Klein und gemütlich ist das Viertel rund um die **Place St-Sauveur,** mit dem Denkmal des Sonnenkönigs Louis XIV als Mittelpunkt. In der Nachbarschaft des Platzes lohnt die Kirche *St-Sauveur* eine Stippvisite. Sie stellt eine interessante Mischung der Gotik mit der Renaissance dar.

Spaziergang zu den beiden Abteien

Auf dem Weg zur Abbaye aux Hommes passiert man den **Palais de Justice ❾**.

Gigantisches Bußopfer

Die großartige Männerabtei (s. u.) mit der Abteikirche *St-Etienne* (Esplanande Jean-Marie Louvel) ist eine der beiden Hauptsehenswürdigkeiten der Stadt. Sie ist das Zeichen der Aussöhnung zwischen Wilhelm dem Eroberer und dem Papst, der den Herzog der Normandie nach dessen Heirat mit Mathilde aus der Kirche ausgeschlossen hatte (s. S. 40).

**Abbaye aux Hommes ❿

1077 wurde die in ihrer Nüchternheit und Strenge unübertroffene Abteikirche geweiht. Zehn Jahre später fand hier Wilhelm der Eroberer seine letzte Ruhestätte. Der Entwurf zur Gestaltung der stilreinen romanischen Westfassade stammt wahrscheinlich von Lanfranc, dem ersten Abt, dem späteren Erzbischof von Canterbury. Im 13. Jh. entstanden die gotische Apsis mit ihren vier Glockentürmchen anstelle eines romanischen Vorgängerbaus sowie die Spitzen der beiden im Grundriss quadratischen Türme, die während der Religionskriege 1562 und 1563 von protestantischen Truppen zerstört, aber im darauffolgenden Jahrhundert im Originalstil wieder aufgebaut wurden. Der mittlere Glockenturm ersetzte im 17. Jh. einen 120 m hohen eingestürzten Vorgängerbau. Die Klostergebäude werden heute von der Stadtverwaltung genutzt. Für die Entwürfe zeichnete Guillaume de la Tremblaye verantwortlich, der Baumeister der Benediktinermönche von St-Maur (🕓 Führungen zu jeder vollen Stunde von 9–17 Uhr).

Um zum Gegenstück der Männerabtei, der Frauenabtei, zu kommen, durchquert man die moderne Innenstadt mit ihren vielen Geschäften und kann westlich der *Place de la Résistance* der Kirche **St-Jean** ⓫ im Vorbeigehen einen Besuch abstatten. Immerhin ist sie ein gutes Beispiel spätgotischer Flamboyantarchitektur. Übrigens bekam ihr Turm seine Schieflage durch einen Erdrutsch.

** Abbaye aux Dames ⓬

Die Frauenabtei, Caens zweites berühmtes Kloster mit der Abteikirche *La Trinité*, liegt im Osten des Stadtzentrums an der schönen *Place de la Reine Mathilde*. Ihrer Gründung im Jahr 1062 durch Königin Mathilde liegt dieselbe Vorgeschichte zu Grunde wie im Fall der Männerabtei. Nur drei Jahre nach ihrer Fertigstellung im Jahr 1080 wurde in der romanischen Kirche die verstorbene Stifterin bestattet. Beeindruckt die Männerabtei von außen durch ihren monumentalen Charakter, so wirkt die Frauenabtei viel bescheidener in ihren Dimensionen. Auch im Innern sind die Unterschiede schon auf den ersten Blick auffällig. Während St-Etienne in dämmeriger Andacht verharrt, hat die Restaurierung La Trinité in einen hellen Kirchenraum mit modernen Elementen wie etwa einem neuen Altar sowie roten und blauen

Während der Saison wird St-Pierre angestrahlt

Königin Mathilde gab die Abteikirche La Trinité in Auftrag

Fenstern im romanischen Chor verwandelt, über deren Schönheit man geteilter Meinung sein kann. Ähnliche Eingriffe erwiesen sich schon nach einer Restaurierung im 19. Jh. als ein der architektonischen Harmonie abträgliches Unterfangen. Eine schwarze Marmorplatte macht im Chor das Grab Königin Mathildes kenntlich. Das Frauenkloster existierte bis zur Französischen Revolution. Jahrzehntelang nutzte man die Gebäude danach als Lagerhallen, ehe im 19. Jh. in den verwaisten Trakten ein Hospital eingerichtet wurde. Heute hat dort der Regionalrat der Basse Normandie seinen Verwaltungssitz (🕓 Führungen Mo–Fr 14.30/16, Sa 10/11.15 Uhr).

Mémorial de Caen

Außerhalb des Stadtkerns liegt eine Erinnerungsstätte jüngeren Datums (Cercle du Mémorial), deren Thema die Geschichte des 20. Jhs., vor allem Ursprung und Verlauf des Zweiten Weltkriegs sind. Dem komplexen Bereich „Frieden" ist ein weiterer Schwerpunkt gewidmet.

Etwa 25 km südlich von Caen lädt in St-Germain-Le-Vasson die Ferme-Auberge **Les Massinots** zu deftigen normannischen Mahlzeiten in einer stimmungsvollen Atmospäre ein (☎ 02 31 90 54 22, Fax 02 31 40 77 44, $$).

Praktische Hinweise

Office de Tourisme, Hôtel d'Escoville, Pl. St-Pierre, ☎ 02 31 27 14 14, Fax 02 31 27 14 13; Calvados Tourisme, Pl. du Canada, F-14000 Caen, ☎ 02 31 27 90 30, Fax 02 31 27 90 35.

Linie von Paris nach Cherbourg. Fahrtzeit etwa zwei Stunden.
Die Linie „Bus Verts" fährt von Caen zur Fähre nach Ouistreham, dann nach Luc-sur-Mer und Courseulles. Innerstädtische Busse: Die Stadt ist aber auch an das Busnetz innerhalb und außerhalb der Region Calvados angeschlossen.
Autofähren zwischen Ouistreham und Portsmouth (GB), ☎ 02 31 36 36 00.

Tipp An den Sommerwochenenden kann man dreistündige **Führungen** zu Fuß und mit einer **Touristenbahn** durch Caen unternehmen. Im Juli/Aug. werden jeweils Di und Fr eineinhalbstündige **Abendtouren** zu den bekanntesten Sehenswürdigkeiten der Stadt unternommen. Alle Buchungen im Touristenbüro (s. o.).

Relais des Gourmets, 13–15, rue de Geôle, ☎ 02 31 86 06 01, Fax 02 31 39 06 00. Vornehmste Nobelherberge der Stadt neben der alten Burg. $$
Holiday Inn, Pl. Foch, ☎ 02 31 27 57 57, Fax 02 31 27 57 58. Am Südrand des Stadtzentrums bei der Pferdebahn gelegen. $$
Hôtel de France, 10, rue de la Gare, ☎ 02 31 52 16 99, Fax 02 31 83 23 16. Mit besonderen Einrichtungen für Behinderte. $$
Quatrans, 17, rue Gémare, ☎ 02 31 86 20 91, Fax 02 31 85 27 80. Zentral in einer Nebenstraße gelegen. $
Central, 23, pl. J.-Letellier, ☎ 02 31 86 18 52, Fax 02 31 86 88 11. Unweit des Fremdenverkehrsbüros im Stadtzentrum. $
Camping Municipal, ☎ 02 31 73 60 92.

Le Dauphin, 29, rue Gemare, ☎ 02 31 86 22 26, Fax 02 31 86 35 14. Man speist in einem gepflegt ausgestatteten ehemaligen Kloster – fast logisch, dass die Preise mehr als unbescheiden sind. $$$
La Bourride, 15, rue du Vaugueux, ☎ 02 31 93 50 76, Fax 02 31 93 29 63. Eine Spezialität heißt „Symphonie um einen Apfel" – nomen est omen. $$$

* Evreux

Der Charme der Vergangenheit

Am Ufer des Iton schnattern Enten im Schatten der hohen Bäume, zwischen denen eine kleine Brücke den Wasserlauf in einem hübschen Bogen überspannt. An der Böschung haben Fleißige Lieschen einen rotweiß gemusterten Teppich ausgebreitet. Fehlt nur noch der Rahmen um das Bild und die Signatur, und man könnte glauben, Claude Monet habe es mit ein paar flüchtigen Pinselstrichen auf ein Stück Leinwand gemalt. Nein, nicht alles in Evreux sieht so idyllisch aus wie diese Flussszene. Dazu haben schicksalschwere Jahrhunderte der knapp 50 000 Einwohner zählenden Hauptstadt des Département Eure zu sehr zugesetzt. Aber vielerorts kommen einem spontan impressionistische Skizzenblätter in den Sinn, wenn sich altes Gemäuer im Wasser spiegelt.

Stündlich schlagen die beiden kleinen Sturmglocken im Beffroi

Zentrum der Altstadt ist die stolze Cathédrale Notre-Dame

Stadtgeschichte

Wie ein roter Faden ziehen sich Krieg und Zerstörung durch die Geschichte von Evreux. Schon in vorchristlicher Zeit eine Siedlung des keltischen Stammes der Eburonen, fiel die von den Römern gegründete Stadt im 5. Jh. den Vandalen zum Opfer, ehe die Wikinger sie nach dem Wiederaufbau im 9. Jh. trotz wehrhafter Stadtmauern in Schutt und Asche legten.

1119 ließ der englische König Henry I das aus Holz erbaute Stadtzentrum

Chor der Abbaye aux Hommes in Caen

brandschatzen; und 1193 ordnete der französische Monarch Philippe II Auguste als Vergeltungsmaßnahme für einen Verrat, für den die Bürger der Stadt gar nichts konnten, die Zerstörung von Evreux an. Auch im Hundertjährigen Krieg wiederholte sich der Kreislauf von Wiederaufbau und Verheerung. Einen Endpunkt setzte dann der Zweite Weltkrieg mit schweren Bombenangriffen, die viele Gebäude für immer aus dem Stadtplan tilgten.

Stadtbesichtigung

Im Mittelalter grenzten trutzige Befestigungsmauern die Stadt Evreux ein; in der modernen Nachkriegszeit legte der wirtschaftliche Aufschwung einen anderen Ring um das Gemeinwesen, der aus Druckereien, pharmazeutischen Laboratorien, Elektronikfirmen und Dienstleistungsbetrieben besteht. Im Zentrum jedoch ist manches beim Alten geblieben. Ein Beispiel dafür ist das stolze Bauwerk der **Cathédrale Notre-Dame ❶**, das viel von seinem Reiz seiner durch Nischen, Absätze und Pfeiler strukturierten Westfassade im Stil der Renaissance sowie seinen ungleichen Türmen verdankt, die man gut von der *Promenade du Miroir d'Eau* aus sieht.

Ancien Palais Episcopal ❷. Der Alte Bischofspalast steht auf historischem Boden, denn schon im 3. Jh. beschützten an dieser Stelle römische Befestigungsanlagen die Stadt. Ihre Spuren sind innerhalb des Palais im *Musée d'Evreux* zu sehen. Wertvollstes Stück der archäologischen Sammlungen ist die Figur eines Jupiter aus dem 1. Jh. v. Chr.

Das zentrale Geschäftsviertel mit Kaufhäusern und vielen kleinen Läden zieht sich an der *Rue du Dr.-Oursel* und den umliegenden Nebenstraßen entlang.

In der Nähe der Einkaufsstraßen hält seit dem ausgehenden 15. Jh. der **Beffroi ❸**, ein Glockenturm, Wache über den Stadtkern. Eigentlich handelt es sich bei dem 44 m hohen anmutig wirkenden Gebäude um zwei aneinandergebaute Türme mit je einer Spitze. In der höheren hängen eine 2 t schwere und fast 600 Jahre alte Sturmglocke sowie zwei kleinere Glocken, die stündlich schlagen. Ein kleiner, von Maßwerk verzierter Umgang führt um die offene Turmspitze, deren hölzerne Konstruktion mit Dekorationen aus Blei geschmückt ist. Am Spätnachmittag fällt ihr langer Schatten bis zum **Hôtel de Ville ❹** und dem benachbarten **Théâtre Municipal ❺**.

Als die Normandie in spät- und nachrömischer Zeit christianisiert wurde, ließ sich in Evreux der spätere hl. Taurin nieder, der erste Bischof der Stadt. Dort, wo man ihn zur letzten Ruhe bettete, mauerten die Baumeister der Stadt im 14. Jh. die Kirche **St-Taurin ❻** hoch, in der das kunsthistorisch geübte Auge Relikte von Vorgängerbauten aus dem 10.–12. Jh. erkennt. Bedeutender Schatz der Kirche ist ein Reliquienschrein mit Darstellungen aus dem Leben und Schaffen des Heiligen. Das glitzernde Kunstwerk in Form einer etwa 1,20 m hohen und 1 m breiten Miniaturkirche ist ein Beweis vollendeter französischer Gold- und Silberschmiedekunst des 13. Jhs.

Ancien Couvent des Capucins ❼. Im ehemaligen Kapuzinerkloster (17. Jh.) schlug sich handwerkliches Können vor allem in der Architektur eines formvollendeten Kreuzganges nieder. An diesem stillen Ort kann man sich gut vorstellen, wie früher Mönche des Klosters durch den schönen Garten schlenderten, bis das Gebet rief.

Praktische Hinweise

Office de Tourisme,
Pl. du Général-de-Gaulle,
F-27000 Evreux,
☏ 02 32 24 04 43, Fax 02 32 31 28 45.
Zug: Strecke Paris–Cherbourg.

Mercure, bd. de Normandie,
☏ 02 32 38 77 77,
Fax 02 32 39 04 53.

Schon die Römer kannten diesen Küstenabschnitt, den sie von Lillebonne (s. S. 52) aus über eine ausgebaute Straße erreichten. Leider vernichtete eine Springflut im 8. Jh. die Reste der gallo-römischen Besiedlungen.

Seite 50

Tipp Den idyllischen Ort sollte man nach Möglichkeit an den Sommerwochenenden meiden, denn dann ist die Idylle passé: Zwar führt man außerhalb der Hauptsaison in Etretat das ruhige Leben eines Provinzlers, aber im Hochsommer lockt die sehenswerte Umgebung an schönen Wochenenden Tausende in das Städtchen. In großstädtischer Manier wird es an solchen Tagen vom Verkehrsinfarkt geschüttelt, die Touristenmassen aus In- und Ausland vermag es kaum zu bewältigen.

Die wenigen Sehenswürdigkeiten sind schnell aufgezählt: Entlang der geschwungenen Bucht zieht sich die *Promenade*, von der aus der Blick über die schroffen Steilküsten zu beiden Seiten des Hafens geht.

Die Felsen von Etretat

** Falaise d'Aval und ** Falaise d'Amont

Wer Etretat besucht, kommt normalerweise nicht wegen der spärlichen kulturhistorischen Sehenswürdigkeiten, sondern wegen der Naturszenerie, die sich im Rahmen von drei Wanderungen erschöpfend kennen lernen lässt: Bei Ebbe empfiehlt sich der Spaziergang zum westlichen Ende der Promenade. Von dort geht es hinab über den steilen Kiesstrand zur riesigen Höhle, die schon von weitem zu sehen ist. Vorsicht ist jedoch geboten: So faszinierend die bizarr aufragenden Felsen auch sein mögen, sind sie doch recht gefährlich: Algen und Seegras machen das nur bei Niedrigwasser frei liegende Terrain sehr schlüpfrig. Am Weg liegen Austernbänke, die schon vor der Französischen Revolution angelegt wurden. Über eine Eisenleiter klettert man zu einem etwa 60 m langen Stollen hinauf, der sich an seinem Ende zur ** *Falaise d'Aval* hin an einem einsamen Kieselstrand mit unvergleichlicher Aussicht öffnet.

Der zweite Wanderweg führt in die gleiche Richtung, verläuft jedoch über dem Steilufer die Felskante entlang.

Östlich des Hafens beginnt der dritte Wanderweg auf die ** *Falaise d'Amont* hinauf, die von der Kirche Notre-Dame-de-la-Garde gekrönt wird. Der Blick über Stadt und Steilküste verspricht bei entsprechender Sicht ein großartiges Naturschauspiel. Ein Denkmal und ein kleines Museum erinnern an die beiden französischen Luftfahrtpioniere Charles Nungesser und François Coli (s. S. 13), die 1927 ihren Versuch, den Atlantik zu überqueren, mit dem Leben bezahlen mussten.

2

Seite 50

An der *Place du Maréchal-Foch,* wo jeden Donnerstag der Wochenmarkt stattfindet, ließen die Stadtväter eine mittelalterliche *Markthalle* aus groben Balken rekonstruieren. Leider dient sie nicht mehr ihrem ursprünglichen Zweck, seit hier Souvenirgeschäfte und Boutiquen eingezogen sind.

Tipp Eine Surfschule gibt Unterricht im Wellenreiten: **Channel Point Surfing Association,** Hameau de la Mairie, südwestlich von Etretat, 76280 La Poterie Cap d'Antifer, ☎ 02 35 28 84 28.

Office de Tourisme, Pl. de la Mairie, F-76790 Etretat, ☎ 02 35 27 05 21, Fax 02 35 29 39 70.

Die nächste Bahnstation ist Fécamp.
Linie Le Havre–Etretat–Dieppe.

Le Donjon, chemin de St-Clair, ☎ 02 35 27 08 23, Fax 02 35 29 92 24. Herrenhaus hoch auf den Klippen mit schöner Aussicht. $$$
Dormy House, 40, rte. du Havre, ☎ 02 35 27 07 88, Fax 02 35 29 86 19. Blick auf Steilküste und Meer. $$$
Les Falaises, 1, bd. du Coty, ☎ 02 35 27 02 77. Sehr zentral. $$
Normandie, Pl. du Maréchal-Foch, ☎ 02 35 27 06 99. Kleines Hotel, in dem auch preiswerte Mahlzeiten serviert werden. $$
Poste, 6, av. George V, ☎ 02 35 27 01 34, Fax 02 35 27 76 28. Preiswerte Zimmer und Menüs. $

Das Angebot an guten Restaurants ist in Etretat eher dürftig.
Le Donjon, chemin de St-Clair, ☎ 02 35 27 08 23, Fax 02 35 29 92 24. Vom Speisesaal bietet sich ein traumhafter Blick auf die Steilküste. $$$
Les Roches Blanches, terrasse Boudin, ☎ 02 35 27 07 34. Typisch normannische Küche. $$

Nach * Fécamp

In Richtung Fécamp verläuft die Nebenstraße über **Bénouville.** Wanderer sollten spätestens jetzt ihr Auto parken und den Weg über kurz geschorene Weiden zur etwa 1,5 km entfernten Küste zu Fuß gehen. Ein wahres Abenteuer verspricht die Wanderung entlang dem Klippenwanderweg zum Strand von **Valleuse du Curé**. Auch **Vaucottes** und **Yport** sind kleine Badeorte mit Kieselstränden, von denen vor allem der letztere mit seinen vielen farbenfroh gestrichenen Booten ein malerisches Bild abgibt.

Ein Faible für Süßes

Die Adresse für Leckermäuler ist die *Pâtissier-Chocolatier Pierre* in Yport. Die Konditoren stellen kandierte Früchte, Karamell- und Nougatspezialitäten nach hauseigenen Rezepten her. Die süßen Träume werden auch als Geschenk verschickt (38, rue A. Nunès, ☎ 02 35 27 30 21).

Bereits im 7. Jh. existierte im Hafenstädtchen * **Fécamp** (20 800 Einw.) ein Kloster, in dem die Reliquie des heiligen Blutes Christi aufbewahrt wurde. Wiederum ist es eine Legende, die sich um die Auffindung der Reliquie rankt. Angeblich soll das Behältnis mit den Blutstropfen in einem Feigenstamm versteckt an Land geschwemmt worden sein. In der Folgezeit entwickelte sich der Ort zu einem bekannten Pilgerziel. Nachdem die Anlage von den Wikingern zerstört worden war, entstand sie im 10. Jh. neu und konnte unter dem Namen St-Trinité eingeweiht werden. Im 11. Jh. wuchs das Kloster zu einem geistlich-kulturellen Zentrum heran.

Die Kirche ** *St-Trinité* mit dem 64 m hohen Vierungsturm erlebte seit dem 10. Jh. zahlreiche bauliche Veränderungen. Der romanische Sakralbau beeindruckt durch seine bloße Dimension; mit 128 m Länge gehört er zu den größten in ganz Frankreich. In Schwindel erregender Höhe befindet sich die Laterne über der Vierung. Die Reliquie wird in der Marienkapelle in einem Tabernakel aus Marmor aufbewahrt, das 1507 von dem italienischen Bildhauer Viscardo geschaffen wurde.

St-Trinité in Fécamp beeindruckt durch seine Dimensionen

2
Seite 51

Neben der Klosterkirche hat ein anderer Beweis mönchischen Erfindungsgeistes die Jahrhunderte überlebt. Bereits 1510 destillierte Bruder Bernardo Vincelli in Fécamp einen Kräuterlikör, dessen Herstellung der Unternehmer Alexandre Le Grand wieder aufnahm. 1892 ließ er das * *Palais Bénédictine* (Rue Alexandre-Le-Grand) als seinen Firmensitz errichten. Die Architektur stellt ein verspieltes Ensemble mit Elementen der Gotik, der Renaissance, des Barock und des Rokoko dar. Während der Führung werden die einzelnen Schritte der Likörherstellung erklärt. Im angeschlossenen *Museum* (🕓 Jan. bis Mitte März und Mitte Nov.–Ende Dez. tgl. 10.30 bis 15.30, Mitte März–Mitte Nov. tgl. 9.30–11.30 und 14–17.30 Uhr) wird eine Sammlung mittelalterlicher Kunst gezeigt.

Saal der Äbte im Palais Bénédictine in Fécamp

Nach Varengeville-sur-Mer

Ein renommiertes Ziel bei Seglern ist **St-Valéry-en-Caux** (5000 Einw.).

Auf dem Wochenmarkt des Ortes decken sich die Freizeitkapitäne am Freitag für den nächsten Törn mit frischen Lebensmitteln ein.

Das Manoir d'Ango in Varengeville-sur-Mer

Landeinwärts liegt inmitten einer Parklandschaft am Ufer der Durdent das *Château de Cany* (🕓 1. Juli–1. Sept. tgl. außer Fr 10–12 und 15–18 Uhr). Der Reiz dieser herrschaftlichen Architektur im Stil Louis XIII (1610–1643) ergibt sich aus der Kombination von hellem Stein und rotbraunen Ziegeln sowie aus der Tatsache, dass dieses Schloss von Wassergräben umgeben ist. Doch auch die Innenausstattung kann sich sehen lassen.

Wer nach diesem dichten Besichtigungsprogramm endlich die Füße unter den Tisch strecken will, sollte sich für eine Pause im Restaurant **La Marine** (Rue St-Léger, ☎ 02 35 97 05 09; ($)) entscheiden. Der Küchenchef wird es sich nicht nehmen lassen, diesem erlebnisreichen Tag mit seinem Hummeromelette das lukullische i-Tüpfelchen aufzusetzen.

Varengeville-sur-Mer (1000 Einw.) hat seinen vielen Besuchern einige touristisch interessante Attraktionen zu bieten. Dazu gehört das ** *Manoir d'Ango*, das zu besichtigen ist (🕒 April bis Okt. tgl. 10–19 Uhr, sonst nur am Sa/So/Fei) ist. Der Reeder Jean Ango ließ sich dieses Herrenhaus im Stil der Renaissance von italienischen Handwerkern bauen. Sein Faible für Originaltreue ging so weit, dass sogar das

2

Seite 51

Wo Tauben in Palästen gurrten

Im ausgehenden Mittelalter hätte Georg Kreislers Chanson „Gehn wir Taubenvergiften in den Park" schlechte Chancen in der normannischen Hitparade gehabt. Taubenhaltung war damals ein Privileg, das durch Gesetze und Dekrete geregelt war. Ab dem Jahr 1583 wurde unter Henri III ein Erlass verfasst, wonach die Anzahl der Tauben von der Größe des Grundbesitzes abhängig gemacht wurde: Ein halber Hektar Land berechtigte zu drei Nestern. Schon viel früher, nämlich im 13. Jh., spielte das klein gewachsene Federvieh am königlichen Hof eine wichtige Rolle. Chronisten berichten, dass im Jahr 1261 an der Tafel des französischen Monarchen täglich mehrere hundert gebratene Tauben die Gaumen der erlauchten Gesellschaft kitzelten. Schnelle und zuverlässige Brieftauben ließen die Silberstücke im Beutel des Besitzers klingen. In späterer Zeit wurde das Recht auf die Zucht der Vögel immer mehr zu einem Symbol des Lehenswesens und zum Ausdruck der Verpflichtung zu ritterlichem Dienst sowie zur Treue des Lehnsmannes gegenüber seinem Lehnsherren – ganz abgesehen von der praktischen Bedeutung der fliegenden Boten. Tauben waren nicht nur als Nachrichtenübermittler und Fleischlieferanten hoch im Kurs, vielmehr ließ sich auch ihr Mist beinahe mit Gold aufwiegen, weil er reich an Stickstoff, Phosphaten, Kalium und Kalzium ist.

Die Französische Revolution bedeutete zwar das Aus der feudalen „Taubenrechte" – viele alte Taubenschläge zeugen aber heute noch von der ehemals bedeutenden Rolle der normannischen Taubenzucht. Findige Fremdenverkehrsexperten haben die touristische Attraktion der *Colombiers* (Taubenhäuser) längst erkannt und zwei Besichtigungstouren zusammengestellt: die *Route des Colombiers Cauchois* im Département Seine-Maritime und die *Route Touristique du Pays Seine-Andelle* im Département Eure (Broschüren gibt es bei den Fremdenverkehrsämtern).

Während manche Colombiers aus Felssteinen oder grob zugehauenen Quadern hochgemauert wurden, haben sich die Baumeister bei anderen verkünstelt. Die Außenwände wurden teilweise mit unterschiedlich farbigen Steinen z. B. im Fischgrätenmuster verarbeitet. Dem Einfallsreichtum waren da jedenfalls keine Grenzen gesetzt. Ein Schmuckstück von einem Taubenschlag steht in Héricourt-en-Caux mitten im Pays de Caux. Ein weiteres ziert den Innenhof des berühmten Manoir d'Ango bei Varangeville-sur-Mer (s. o).

Baumaterial zum Teil aus Italien herangeschafft werden musste. Im Innenhof steht das größte Taubenhaus Frankreichs. Die verschiedenfarbigen Ziegel dieses Rundbaus wurden zu geometrischen Mustern vermauert. Im nahen, 10ha großen * *Parc Floral Le Bois des Moutiers* (🕓 Ostern–Allerheiligen tgl. 10–12 und 14–18 Uhr) gedeihen auf siliziumhaltigem Boden Atlaszedern und Eichen, Magnolien und Kamelien sowie Azaleen- und Rhododendronbüsche.

Das größte Taubenhaus Frankreichs steht im Manoir d'Ango

2

Seite 51

Tipp Nicht nur wegen der schönen Aussicht ist die romanische Kirche *St-Valéry* hoch über den Steilklippen beliebtes Ausflugsziel, sondern auch wegen der drei Künstler, die auf dem kleinen Friedhof beigesetzt wurden: Es sind dies der Maler Georges Braque (1882 bis 1963), der Literat Georges de Porto-Riche (1894–1930) sowie der Komponist Albert Roussel (1869–1937).

Das Grab von Georges Braques in Varengeville-sur-Mer

Nach Le Tréport

Pourville an der Mündung des Flüsschens Scie ist die letzte Ortschaft vor dem Hafenstädtchen Dieppe (s. S. 32). In der Hauptsaison macht der Ort dem Beinamen „21. Arrondissement von Paris“ alle Ehre, weil viele Großstädter zur Sommerfrische hierher reisen. Mag sein, dass dabei die ehemalige Reputation des Küstenfleckens als Künstlerenklave eine Rolle spielt: Maler wie Auguste Renoir und Claude Monet bauten hier ihre Staffeleien auf.

Puys, heute ein bescheidener Küstenort nordöstlich von Dieppe, war im 19. Jh ebenfalls Treffpunkt berühmter Künstler. Sie trafen sich im Haus des Schriftstellers Alexandre Dumas (1824–1895), wo dessen Vater, der Verfasser des Romans „Der Graf von Monte Christo“, 1870 starb. Zu den illustren Besuchern zählte u. a. der Komponist C. Debussy, der dort zwei Sommer verbrachte.

Auf eine „Künstlervergangenheit“ kann auch **Berneval-le-Grand** verweisen. Vom klaren Licht ließ sich der Maler Auguste Renoir zu seinen transparenten Bildern inspirieren. Und Oscar Wilde suchte hier Zuflucht, nachdem er 1895 in England wegen seiner homosexuellen Veranlagung zu zwei Jahren Gefängnis verurteilt worden war.

Seite 51

Der Endpunkt der Alabasterküste wird durch den Fluss Bresle markiert. **Le Tréport** (6300 Einw.) teilt sich das Hafenbecken mit der Nachbargemeinde **Mers-les-Bains,** die bereits außerhalb der Normandie liegt und von der sich ein schöner Panoramablick öffnet. Die Masse der Besucher kommt allerdings allein wegen des herrlichen Strandes.

Einmalige Aussicht

Über den Ziegeldächern erhebt sich der * *Calvaire des Terrasses,* ein wahrlich exponierter Aussichtspunkt unmittelbar am Abbruch der Kreidefelsen.

i Office de Tourisme, quai Sadi-Carnot, F-76470 Le Tréport, ☏ 02 35 86 05 69.

Endstation der Linie von Paris.
Verbindung nach Dieppe.

Picardie, Pl. de la Gare, ☏ 02 35 86 02 22. Nur bescheidener Komfort. $
Le Richelieu, 50, quai François I, ☏ 02 35 86 26 55. Niedrige Preise. $
Casino de la Plage, 15, esplanade de la Plage, ☏ 02 35 86 06 70, FAX 02 35 50 27 04. An der Strandpromenade gelegen. $

La Vieille Ferme, in Criel-sur-Mer, ☏ 02 35 86 72 18, FAX 02 35 86 12 67. Malerischer Bauernhof aus dem Jahr 1734; normannische Küche. $
Le Homard Bleu, 45, quai François I, ☏ 02 35 86 15 89, FAX 02 35 86 49 21. Solide Küche zu reellen Preisen. $

Route 3

Schnuppertour durchs Käseland Pays de Bray

Von Le Tréport durch das Pays de Bray nach * Gisors (120 km)

Was Cidre und Apfelschnaps für die Region Calvados bedeuten, machen im Pays de Bray weniger hochprozentige Elixiere aus, nämlich Wasser und Milch. Frische Quellen speisen Bäche und Flüsse, lassen in Tälern und Senken dichte Laubwälder grünen. Zudem versorgen sie die Kuranlagen von Forges-les-Eaux mit mineralreichem Badewasser, in dem sich schon König Louis XII, Königin Anne d'Autriche und Kardinal Richelieu entspannten. Außerhalb der Kleinstädte und Dörfer hat sich zwischen sattgrünen Wiesen und Weiden das Gesicht des Pays de Bray wohl nicht wesentlich geändert seit der Zeit, als die Monarchen und Kirchenfürsten zum Wassertreten kutschierten. Schon lange ist das Pays de Bray, in einer Senke zwischen den benachbarten Hochebenen der Picardie, des Pays de Caux und des Vexin gelegen, der „malerische Bauernhof“ des Großraums Paris.

* Eu – Tor zur Normandie

Das Städtchen (8000 Einw.) liegt auf wahrhaft historischem Boden. Rollo, der erste Herzog der Normandie, starb hier im Jahr 932. Und als Wilhelm der Eroberer 1050 seine Cousine Mathilde ehelichte, wählte das Paar Eu als Schauplatz des historischen Ereignisses. So erinnert denn auch die Inschrift auf dem groben Felsbrocken auf der *Place Guillaume-le-Conquérant* an diese Hochzeit. Wenige Schritte entfernt stand seinerzeit die Burg Wilhelms, in der die Feierlichkeiten stattfanden.

Den einstigen Standort der Festung nimmt heute das *Château* ein, dessen Bau in der zweiten Hälfte des 16. Jhs. begonnen wurde. Dieses Renaissanceschloss wurde später die erklärte Lieblingsresidenz des Königs Louis-Philippe. In einigen Räumen ist das Musée Louis-Philippe untergebracht. Das Interieur besteht aus Gemälden alter Meister und zeitgenössischem Mobiliar.

Dem Schloss gegenüber steht * *Notre-Dame-et-St-Laurent*, ein Sakralbau des 12. und 13. Jhs., der im 19. Jh. umfassend restauriert wurde. Im dreischiffigen Innern mit einem in Arkaden, Triforium und Obergaden aufgeteilten Langhaus zeigt sich die Kirche als typisches Beispiel frühgotischer Architektur. Im Chorumgang entstanden zahlreiche mit Skulpturen ausgeschmückte Kapellen, wodurch der Überbau aus statischen Gründen durch ein ganzes Geflecht von Strebebogen abgesichert werden musste. An der Rückseite des Altars wurde der hl. Lawrence O'Toole, er starb 1181 in Eu, beigesetzt. Bewacht wird die Krypta von den in Stein gehauenen Herzögen von Artois.

In Eu heiratete Wilhelm der Eroberer seine Cousine Mathilde von Flandern

Interieur des Schlosses von Eu

Frühgotische Architektur: Notre-Dame-et-St-Laurent in Eu

3
Seite 51

Im Herzen des Pays de Bray

* Château de Mesnières-en-Bray

Der Repräsentationsbau von Louis XV (🕓 1. April–1. Nov. Sa/So 14–18.30 Uhr) liegt inmitten eines großen Parks. Er wirkt mit seinen spitzen Rundtürmen zu beiden Seiten der Eingangstreppe wie eine Kombination aus wehrhafter Burg und verspieltem Lustschloss. Auch im Innern gibt sich der Feudalbau, heute ein Internat, als architektonisches Hauptwerk dieser Gattung im Pays de Bray zu erkennen. Prunkstücke der Raumfluchten sind die Salle des Cartes mit Gemälden aus dem 17.Jh., welche auf Holz gemalt sind, sowie eine im 16.Jh. und eine im 19.Jh. erbaute Kapelle, wobei die ältere mit kunstvoll geschnitzten Holzstatuen dekoriert ist. Sie stellen Christus, Johannes den Täufer und die vier Evangelisten dar.

Glasbläserei

Im Bresletal hat die Glasfabrikation eine lange Tradition. In *Blangy-sur-Bresle* kann die Verrerie Waltersperger (Avenue de la Gare, Anmeldung unter ☎ 02 35 93 50 68) besichtigt werden. Eine äußerst interessante Stippvisite bietet auch das Musée de la Verrerie (Manoir de Fontaine, ☎ 02 35 94 44 79; 🕓 1. März bis 30. Nov. nach Voranmeldung).

Neufchâtel-en-Bray (5400 Einw.) wurde 1940 schwer zerstört. Von der historischen Bausubstanz sind also nur noch spärliche Reste vorhanden. Die in ihren ältesten Teilen aus dem 12. Jh. stammende Kirche *Notre-Dame* mit ihrem rund 400 Jahre alten Langhaus lohnt wegen der schönen Buntglasfenster einen Besuch.

Das Städtchen ist vor allem weit über die Region hinaus für seinen vorzüglichen Käse bekannt, der denselben Namen trägt und in ganz unterschiedlichen Formen auf den Markt kommt.

3

Seite 51

Spätestens ab Neufchâtel ist eine Bummeltour angesagt. Gemütlich geht es über Nebenstraßen nach **Nesle-Hodeng** (an der D 135). Auf den Bauernhöfen wird der Neufchâtel-Käse z. T. noch auf traditionelle Weise hergestellt.

Tipp Zwei Adressen von **Käsereien,** die nach telefonischer Voranmeldung dem Besucher ihre Türen öffnen: Ferme des Fontaines (März bis Nov., M. Brianchon, ☎ 02 35 93 08 68, FAX 02 32 97 06 44); im nahen **Mesnil-Mauger** (an der D 120) ist es die Käserei von M. Auvre (☎ 02 35 90 41 22).

Forges-les-Eaux

Das einst berühmte Thermalbad mit der illustren Gästeschar ist heute eine beschauliche Oase (3800 Einw.) inmitten des Bauernlandes, die zum Entspannen und Kuren mit dem gesundheitsspendenden Mineralwasser immer noch wie geschaffen ist. Schon den Römern waren dort Eisenvorkommen bekannt. Sie bauten das Metall ab und schmiedeten daraus ihre Waffen. Der Kurbetrieb unserer Tage bezieht die Uferregionen des Flüsschens Andelle mit ein, das sich zu einem kleinen See nördlich und südlich der Avenue des Sources verbreitert.

Der Badebetrieb boomt

Im 16. Jh. kam das Baden in eisenhaltigem Wasser in Mode. Und als dann nacheinander Louis XII, Anne d'Autriche und Richelieu von der Heilmethode überzeugt waren, fing das Geschäft mit der Gesundheit in Forges-les-Eaux an zu boomen.

Tipp Organisierte **Reitausflüge** bietet u. a. Le Relais Equestre du Chasse-Marée (am alten Gare Thermale, ☎ 02 35 90 60 98) an.

Office de Tourisme, Rue M. Leclerc, F-76440 Forges-les-Eaux, ☎ 02 35 90 52 10;
Association Culturelle et Touristique du Pays de Bray, 1, pl. de Gaulle, ☎ 02 35 90 40 45.

Forges-les-Eaux liegt an der Bahnlinie von Paris nach Serqueux, das wiederum Haltestelle an der Strecke Rouen–Amiens ist.
Rouen, Forges-les-Eaux, Aumale.

Trotz Kurbetrieb und Kasino ist das Angebot hinsichtlich der Hotels und Restaurants in Forges-les-Eaux bescheiden.
Continental, 110, av. des Sources, ☎ 02 32 89 50 50, FAX 02 35 90 26 14. Zählt am Ort zu den besten Unterkünften. ($)
Hôtel Sofhotel, 57, rte. du Maréchal-Leclerc, ☎ 02 35 09 87 82, FAX 02 35 90 44 51. Kleineres Haus, auf Wunsch Halbpension. ($)
Paix, 15, rue de Neufchâtel, ☎ 02 35 90 51 22, FAX 02 35 09 83 62. Geringer Komfort, Halbpension (fünf Zimmer) möglich. ($)

Auberge du Bleu Lieu, an der D 15, ☎ 02 35 90 50 36, FAX 02 35 90 35 98. Die normannischen Gerichte werden auch im Freien serviert. ($)
Paix, das Restaurant im o. g. Mittelklassehotel ist bekannt für preiswerte, schmackhafte Touristenmenüs. ($)

Claude Monet legte in Giverney einen immerblühenden Sommergarten an

Route 4

In den Fußstapfen von Richard Löwenherz

Von *Gisors über **Giverny nach **Rouen (120 km)

Der Vexin-normand im Südosten liegt geographisch gesehen zwar am Rand der Normandie, ist aber aus historischer Sicht ihr Kern, stand dort doch im 10. Jh. die Wiege des Herzogtums. In späteren Zeiten versuchten ihre Herrscher, allen voran der legendäre Richard Löwenherz, den Osten und Südosten der normannischen Flanke mit Bollwerken gegen Frankreich zu schützen – heute steinerne Zeugnisse einer großen Vergangenheit.

4

Seite 51

An den Ufern von Epte und Seine

Der kleine Ort ***Gisors** (9000 Einw.) blickt als alte Hauptstadt des Vexin-normand auf eine bewegte Vergangenheit zurück. Bestimmend für seine Entwicklung war die strategisch günstige Lage auf einer Anhöhe über dem Flusstal der Epte an der äußersten Grenze der Normandie. Sie bot sich vor rund 900 Jahren als idealer Standpunkt für den Bau einer grenzsichernden Festung zwischen dem Herzogtum Normandie und dem Königreich Frankreich geradezu an.

Und so thront noch heute auf einem Hügel über der Stadt das ***Château Fort*, das seine Entstehung im Jahr 1097 dem König von England und Herzog der Normandie, William II, dem Sohn Wilhelm des Eroberers, verdankt. Henri II (1154–1189) ließ es als Bastion gegen Frankreich weiter ausbauen, was nicht verhindern konnte, daß die Burg 1193 vom französischen König Philippe II Auguste erobert wurde.

Hôtel Baudy

Zahlreiche Maler, die Monet in **Giverny** besuchten, stiegen damals im Hôtel Baudy ab. Neben einem Museum werden die Räume heute von einem gepflegten Restaurant genutzt (Rue Claude Monet, April–Okt. tgl. außer Mo 10–18 Uhr).

**Giverny

Der kleine Ort zählt unter Kunstkennern zu den bekanntesten Dörfern Frankreichs. Der Impressionist Claude Monet lebte dort zwischen 1883 und 1926 in seinem Landhaus, das bald nach seinem Tod zum *Musée Claude-Monet* (🕓 Anfang April–Ende Okt. tgl. 10–18 Uhr) umgestaltet wurde und Heerscharen von Besuchern aus der ganzen Welt anzieht. Wer die Idylle noch etwas ungestört genießen möchte, sollte morgens als erster in der Schlange vor dem rosa getünchten Haus stehen. Mit größter Hingabe widmete sich Monet der Anlage seines Gartens. Nichts wurde dem Zufall überlassen. So hat er besonders bei der Wahl der unterschiedlichsten Blumen auf den Zeitpunkt der Blütezeit jeder einzelnen Sorte geachtet. Dank seiner minuziösen Berechnungen verwirklichte er sich den Traum eines immerblühenden Sommergartens. In diesem Freiluftatelier schuf der Meister mit Pinsel und Palette jene weltberühmten Gemälde, die heute in den bedeutenden Museen der Normandie und in Paris hängen.

Unterhalb des Château Fort drängen sich die Häuser, zwischen denen die Türme von *St-Gervais-et-St-Protais* himmelwärts streben. Der Baubeginn lag im 12. Jh., die Arbeiten zogen sich aber über 400 Jahre hin, so dass nicht nur gotische, sondern auch Elemente der Renaissance auftauchen. Trotz der Stilvielfalt macht die Kirche einen einheitlichen, harmonischen Eindruck.

Auf dem Hügel über Gisors wacht die Normannenfestung

Nur 15 km südwestlich von Gisors stand in **St-Clair-sur-Epte** die „Wiege" der Normandie. Im Jahr 911 schlossen in diesem zum Département Oise gehörenden Städtchen der französische König Charles Le Simple und der Wikingerführer Rollo jenes Abkommen, das den Grundstein für ein eigenständiges Herzogtum legte. Rollo kontrollierte damals bereits einen Großteil des normannischen Territoriums, das die französische Krone an ihn offiziell abzutreten bereit war. Im Gegenzug mussten die Wikinger ihre Feldzüge einstellen und Rollo sich zum christlichen Glauben bekehren lassen. Die Kirche, in der der Vertrag durch einen feierlichen Schwur besiegelt wurde, existiert noch. Anlässlich der 1000-Jahr-Feier dieses historischen Ereignisses ließen die Stadtväter 1912 ein Fenster in den Bau einsetzen, das den knienden Rollo zu Füßen des Königs zeigt.

Eines der meistfotografierten Motive: Vieux Moulin bei Vernon

4

Seite 51

Château Gaillard bei Les Andelys ließ Richard Löwenherz erbauen

Vernon

Das immer noch gemütlich wirkende Städtchen (23 500 Einw.) ist für viele Reisende aus dem Großraum Paris das Tor zur Normandie. Ähnlich muss es der französische König Philippe II Auguste gesehen haben, der Vernon als erste normannische Ortschaft 1204 eroberte. Im Zentrum liegt * *Notre-Dame*, deren Bau sich vom 12. Jh. bis ins 16. Jh. hinzog. An der Westfassade wird der Blick von einer grandiosen Rose mit Elementen des Flamboyant

Blick auf das idyllisch gelegene Les Andelys

gefangen genommen. Gleich neben der Kirche verdient das älteste Haus *Au temps jadis* Aufmerksamkeit. In diesem mittelalterlichen Fachwerkbau ist heute die Touristeninformation untergebracht. Ein Spaziergang durch die schmalen, verwinkelten Gassen der Altstadt mit den Fachwerkhäusern ist mittelalterliche Stadtgeschichte zum Anfassen. Das *Musée Alphonse-Georges-Poulain* (12, rue du Pont) zeigt archäologische und landeskundliche Exponate sowie eine kleine Sammlung von Gemälden, u. a. von Claude Monet.

Im Ortsteil Vernonnet steht unmittelbar neben dem Pont Clemenceau eines der meistfotografierten Motive der Normandie: *Vieux Moulin.* Die Mühle aus dem 16. Jh. wurde detailgetreu restauriert. Wenige Schritte entfernt, gelangt man zum heute teilweise verfallenen *Château des Tourelles.*

Seite 51

Syndicat d'Initiative,
36, rue Carnot,
F-27200 Vernon,
02 32 51 39 60, 02 32 51 86 55.
Paris–Rouen.
Evreux, Gaillon, Les Andelys und Gisors.

Hôtel Evreux Le Relais Normand, 7, pl. d'Evreux, 02 32 21 16 12. Bequemes Drei-Sterne-Hotel. $$

Haut Marais, 2, rte. Rouen, im Vorort St-Marcel, 02 32 71 22 50, 02 32 71 22 51. Größeres Hotel mit preisgünstigen Zimmern. $

Les Fleurs, 71, rue Carnot, 02 32 51 16 80. Bodenständige regionale Küche. $

Vom Château de Gaillon zur Abbaye de Mortemer

Einen Meilenstein in der Schlossarchitektur setzt am linken Seineufer das *Château de Gaillon.* Ein Wandel vollzog sich an diesem Bau während der Amtszeit von Erzbischof Georges I d'Amboise (1460–1510). Er veranlasste den Umbau der Burg zu einem Sommerschloss, wobei er sich für den zeitgenössischen Renaissancestil italienischer Prägung entschied.

Les Andelys (8500 Einw.). Hier thront die wohl geschichtsträchtigste Burgruine der Normandie, ** *Château Gaillard,* hoch über dem Flusstal. Sie gehörte im 12. Jh. zu jenem Verteidigungsgürtel, der die Normandie vor den aggressiven Eroberungsgelüsten der französischen Krone schützen sollte. Nachdem Philippe Auguste 1193 in Abwesenheit des Herzogs Gisors eingenommen hatte, ließ Richard Löwenherz 1196 innerhalb eines Jahres als Ersatz diese Festung anlegen. Schon wenige Jahre später, am 6. März 1204, fiel die stolze Verteidigungsanlage unter dem Ansturm der Soldaten von König Philippe II Auguste. Dem Sieger stand nun der Weg nach Rouen offen. Heute existieren von Château Gaillard noch Teile der Ringmauern sowie der Burgkern.

Bei Les Andelys verabschiedet sich die *Route Normandie-vexin* vom Seinetal und steuert die nördlich gelegene *Forêt de Lyons* an.

Forêt de Lyons

Früher hallte das über 10 000 ha große Waldgebiet von den Jagdhörnern der Herzöge der Normandie wider, die sich dort Hirsch und Wildschwein vor die Flinten treiben ließen. Heute locken Buchen und Eichen eher Wanderer und Pilzsammler. Mitten in diesem riesigen Forst gründete Henri I Beauclerc, ein Sohn Wilhelm des Eroberers, 1138 eine bedeutende Zisterzienserabtei.

Von der ehemals grandiosen 90 m langen und über 40 m breiten Kirche der **Abbaye de Mortemer** sind nur noch Ruinen übrig. Aber selbst die bröckelnden Mauerreste mit blinden Fenstern und efeuüberwucherten Simsen lassen die einstmalige Größe dieses Klosters noch erahnen.

Route 5

Küstenbummel im Calvados

Die malerische Côte de Grâce und Côte Fleurie (32 km)

Schindeln decken den Turm von Ste-Cathérine in Honfleur

Während Gäste aus aller Herren Länder in den zahlreichen Strandcafés an ihren Aperitifs nippen oder sich fruchtige Törtchen auf der Zunge zergehen lassen, bummeln Flaneure und Müßiggänger, Schaulustige und Sonnenanbeter über die Holzdielen der vornehmen Strandpromenade, die sich an diesem Sonntagnachmittag zu einem Laufsteg der Eitelkeiten verwandelt. Frischer Wind lässt die weißen Tischdecken der Straßenrestaurants flattern, in denen sich das ländliche Flair der Normandie mit der mondänen Exklusivität eines international renommierten Seebades mischt.

Der alte Hafen von Honfleur an der Côte Fleurie

5

Seite 50

Tipp Unbedingt einen Besuch wert: Die Küste des Département Calvados zwischen den Mündungen der Flüsse Risle im Osten und Orne im Westen sammelt normannische Superlative. Dort liegen die hinreißend schönen Strände, die vornehmen Badeorte, aber auch die malerischste Hafenstadt der Region, um nur drei Höhepunkte zu nennen.

Côte de Grace

Falls **Honfleur** (8200 Einw.) ein Herz besitzt, so ist dies der ** *Vieux Port,* der von dicht aneinander gedrängten Häusern wie von einer Festungsmauer umgeben ist. Den bis zu sieben Stock-

Im Hafen von Honfleur

werken hohen Fassaden sieht man an, dass sie schon manches Unwetter überstanden haben und auch dem saisonbedingten Touristenansturm unbeschadet trotzen können.

Die Geschichte hat Honfleur berühmt, die Kunst attraktiv gemacht. Schon an der Wende vom 15. zum 16. Jh. kehrten Seefahrer wie Binot Paulmier de Gonneville und Jean Denis dem Hafen den Rücken, um in damals noch unbekannte Weltmeere vorzustoßen.

Waren diese Jahrhunderte das Zeitalter der „Ritter der Weltmeere", so wurde das 19. Jh. zur Epoche der Künstler. Federführend war insbesondere der Maler Eugène Boudin (s. S. 16). Heute erinnert nur noch das *Musée Municipal Eugène-Boudin* an diese große Zeit (Place Erik-Satie; ⌚ 15. März–30. Sept. tgl. 10–12 und 14–18 Uhr, 1. Okt. bis 14. März Mo–Fr 14.30–17, Sa/So 10–12 und 14.30–17 Uhr; 1. Nov.–13. Febr. Di geschl.).

Seite 50

Ära der Künstler

Eugène Boudin, ein Sohn der Stadt, wurde mit seinen Himmels- und Seegemälden zum Wegbereiter des Impressionismus. Boudin mietete sich bei Mutter Tantain in der Ferme St-Siméon, einst eine Leprastation, für 40 Francs pro Monat ein. Mit Blick auf die schöne Küste frönte er dort seiner Kunst. Andere Maler wie Corot, Courbet, Harpignies, Isabey, Troyon und Diaz de la Peña ließen sich ebenfalls vom klaren Licht der Normandie inspirieren und arbeiteten in Honfleur.

In der Nachbarschaft der Hebebrücke zwischen innerem und äußerem Hafen fällt dem Besucher die Lieutenance ins Auge, ein im 16. und 17. Jh. errichtetes Gebäude, das früher Teil der Stadtbefestigung war und in dem der Stadtkommandant seinen Amtssitz hatte.

Stadteinwärts gelangt man zur 1468 erbauten Kirche * *Ste-Cathérine*. Ihre Architektur ist in der Normandie einmalig: Zu den Augenfälligkeiten dieses Bauwerks gehört der isoliert stehende und mit Schindeln gedeckte Glockenturm, der Vergleiche mit einem italienischen Campanile zulässt. Betritt man die Kirche, wartet eine weitere Überraschung: Der Innenraum besteht aus zwei fast identischen Kirchenschiffen, die von lokalen Schiffsbauern gezimmert wurden.

Hoch über der Stadt erhebt sich * *Le Calvaire*, der Kalvarienberg, mit der Kapelle Notre-Dame-de-Grâce, einer Wallfahrtskapelle aus dem 17. Jh., die vor allem von vielen Seeleuten besucht wird. Noch höher als diese Pilgerstätte liegt der Aussichtspunkt Mont-Joli. Der Blick von hier oben reicht weit über die Küste hinweg mit Honfleur im Vordergrund.

Office de Tourisme, Place A. Boudin, F-14600 Honfleur, ☎ 02 31 89 23 30, FAX 02 31 89 31 82.

Die am nächsten gelegenen SNCF-Stationen sind Deauville bzw. Pont-l'Evêque.

Strecken Le Havre–Cabourg bzw. Caen sowie Pont-l'Evêque–Lisieux. SCETA-Busse verkehren auch zwischen Honfleur und Evreux.

L'Assiette Gourmande, Quai Passagers, ☎ 02 31 89 24 88, FAX 02 31 89 90 17. Wie der Name sagt: ein Treffpunkt für Gourmets. $$$

Côte Fleuri

* Trouville-sur-Mer

Dieser Ferienort (5600 Einw.) hebt sich dadurch von Deauville ab, dass er weniger die gut betuchte internationale Schickeria anzieht als vielmehr ein familienorientiertes Urlaubsziel sein möchte. Der Stolz des Ortes ist der breite Sandstrand, der an der Mündung der Touques beim Spielkasino bzw. dem

Schwimmbad beginnt. Hier liegen u. a. auch das städtische Aquarium mit 70 Wasserbecken und Vivarien, in denen heimische Meeresbewohner und Reptilien zu sehen sind (Ostern–Okt. tgl. 10–12 und 14–18.30, Juli bis Aug. 10–19 Uhr).

Jahrhundertwende-Hotel an der Promenade von Trouville

* Deauville

Der Ort zählt zwar nur etwa 5000 ständige Einwohner, ist aber im Laufe der Jahrzehnte zur exklusivsten Badehochburg der Normandie avanciert. Die Hauptattraktionen von Deauville sind der am ** *Strand* entlangführende *Boulevard Cornuché* mit dem schneeweißen Spielkasino sowie die hölzerne Strandpromenade, genannt * *Les Planches,* die am Schwimmbad, an der Tennisanlage, am Minigolfplatz und am Ponyclub vorbeiführt. Im Sommer zieren Sonnenschirme und Strandkörbe vor allem in den Farben Rot und Blau den weißen Strand und definieren damit die französische Trikolore auf ihre Weise. Seine internationale Reputation verdankt der Ort sowohl seinen zahlreichen Kulturveranstaltungen wie Film- und Musikfestivals, zu denen alljährlich Stars aus aller Welt angereist kommen, als auch seinen sportlichen Ereignissen.

In der Normandie kommen Nachtschwärmer nur vereinzelt auf ihre Kosten, etwa in Deuaville im **Le Y-Club** bei Techno-Rhythmen (14 bis, rue Désiré le Hoc, ☏ 02 31 88 30 91) oder in der Diskothek **Le Mélody** (13, rue Albert Fracasse, ☏ 02 31 88 34 83).

Office de Tourisme, Pl. de la Mairie, F-14800 Deauville, ☏ 02 31 14 40 00, FAX 02 31 88 78 88.

5

Seite 50

Paris (Gare St-Lazare)–Lisieux–Trouville/Deauville– Dives-sur-Mer/Cabourg und zurück.
Linien Honfleur–Deauville–Caen sowie Deauville–Le Havre.

Ciro's, Les Planches,
02 31 88 18 10,
02 31 98 66 71.
Kulinarischer Höhepunkt, an der Strandpromenade. $$
Le Spinnaker, 52, rue Mirabeau,
02 31 88 24 40, 02 31 88 43 58.
Raffinierte Fischgerichte, mit Cidre und Calvados zubereitet. $

***Villers-sur-Mer** befindet sich wie Greenwich exakt auf dem Nullmeridian, der auf der Strandpromenade durch einen aufgemalten Strich markiert ist. Unter Paläontologen ist der Ort ein Begriff, weil in den Kalkklippen der Vaches Noires („Schwarze Kühe") die meisten Fossilien der ganzen Region gefunden wurden.

5
Seite 50

***Houlgate** (1700 Einw.) liegt östlich der Mündung des Flüsschens Dives in den Ärmelkanal. Auch dies ein renommierter Badeort mit prächtigen Sommerresidenzen entlang der Strandpromenade.

Südlich von Houlgate orientiert sich die Küstenstraße landeinwärts nach **Dives-sur-Mer** (6000 Einw.), an dessen Küste Wilhelm der Eroberer 1066 seine Flotte versammelte, um sich die Krone Englands zu erstreiten. Über dem Portal der Kirche *Notre-Dame-de-Dives* sind die Namen der 475 Männer aufgelistet, die den Herzog auf seinem Kriegszug über den Ärmelkanal begleiteten.

Reizvollstes Gebäude auf dem Marktplatz im Zentrum ist die aus groben Eichenbalken gezimmerte mittelalterliche Markthalle, in die jeden Samstagvormittag neues Leben einkehrt. Bauern und Händler, Kunden und Schaulustige drängen sich im trüben Licht der Glühbirnen um die Marktstände, die mit duftenden Gemüsen, blankpolierten Äpfeln, Blutwürsten und Krustenbroten so voll gepackt sind, als gelte es, ein letztes Mal Erntedankfest zu feiern. Schräg über dem Marktplatz zieht ein zweites historisches Gebäude die Blicke auf sich: die *Lieutenance,* die ehemalige Residenz der Herren von Falaise mit einer hohen, mehrfach restaurierten Fassade.

Proust und Cabourg

Cabourg hat zu einem nicht geringen Teil seinen Bekanntheitsgrad Marcel Proust (1871–1922) zu verdanken, der hier aus Gesundheitsgründen viele Sommer verbrachte. Er stieg im 1862 erbauten Grand Hôtel (s. u.) ab, wo er im Zimmer 414 seinen Schreibtisch stehen hatte. Ein literarisches Denkmal setzte er dem Ort in dem Romanzyklus „Auf der Suche nach der verlorenen Zeit".

***Cabourg** (3400 Einw.) entstand auf dem Reißbrett: Dementsprechend besitzt die Stadt einen geometrischen Grundriss in Gestalt eines Halbkreises, wobei sämtliche Straßen auf dem Platz vor dem Grand Hôtel zusammentreffen.

Office de Tourisme,
Jardins de Casino,
F-14390 Cabourg,
02 31 91 01 09,
02 31 24 14 49.
Houlgate–Deauville–Lisieux.
Caen–Honfleur–Le Havre.

Pullman Grand Hôtel,
Promenade Marcel-Proust,
02 31 91 01 79,
02 31 24 03 20. Traditionsreiches Nobelhotel. $$
Hôtel Golf, Av. de l'Hippodrôme,
02 31 24 12 34, 02 31 24 18 51.
Gepflegtes Hotel. $

Le Beau Site,
promenade Marcel-Proust,
02 31 24 42 88. Fischlokal mit schöner Terrasse, Meerblick. $
Hostellerie Guillaume le Conquérant, im benachbarten Dives-sur-Mer.

Route 6

Cidre, Calvados und Camembert

Durchs idyllische Pays d'Auge (150 km)

Alte Apfelmühle auf einem Bauernhof in Calvados

Primitive Calvados-Destille

Kein Landstrich der Normandie macht es einem so schwer, nüchtern zu bleiben wie das Pays d'Auge. Nein, hier ist nicht die Rede von alkoholischen, sondern anderen Versuchungen, abgegriffenen Klischees nämlich, die sich einem klammheimlich aufdrängen im bäuerlichen Hinterland der Côte Fleurie: sanfte Hügel, lauschige Wäldchen, sattgrüne Wiesen wie kunstfertig verlegte Veloursteppiche, abgelegene Fachwerkdörfer und schmale Landstraßen, die sich wie Achterbahnen durch schattige Täler und weites Weideland winden. An sonnigen Tagen sieht das Pays d'Auge aus wie ein zum Leben erwecktes Kalenderblatt. Ab und zu tauchen zwischen knorrigen Apfelbäumen Herrenhäuser und märchenhafte Schlösser auf.

6

Seite 50

Stippvisite in einer Ferme-Auberge

Wer sich beim Blick auf die Auslagen der Gehöfte Appetit geholt hat, kann seinen Hunger stilvoll in der „Ferme-Auberge du Laizon" (in Cleville, der Weg ist ab Beuvron ausgeschildert, ☎ 02 31 23 64 67, Reservierung obligatorisch) stillen. Schon der Cocktail nach dem Hausrezept (Puderzucker, Calvados, Crème fraîche und eine Prise Muskat) ist eine Offenbarung – wenn auch keine kalorienarme. Danach isst man Kaninchen à la normande oder Lammkoteletts, die der Wirt auf dem offenen Grill in der Gaststube zubereitet, während die Hühner durch die offene Tür hereinspazieren, um die Brotkrümel der Vorspeise vom Boden zu picken. Nach dem Haustrunk, einem durchgegorenen Cidre, käme ein weiches Himmelbett gerade recht!

Von Cabourg nach St-Pierre-sur-Dives

Das kleine Dorf ***Beuvron-en-Auge** (275 Einw.) sieht so herausgeputzt aus, als ginge jeden Abend der Bürgermeister höchstpersönlich mit dem Malerpinsel die Hausfassaden entlang, um hie und da einen Fachwerkbalken neu zu streichen.

Postkartenmotiv

Beuvron ist eines dieser *Villages préservés*, also ein Dorf, in dem sich die Bürger um den Erhalt ihrer alten Häuser kümmern. In diesem Spezialfall geht die Liebe zum Detail so weit, dass farbenprächtige Geranien die Fensterbänke schmücken.

Mitten im Ort stand früher eine hölzerne Markthalle, an deren Nachfolgebauten der Denkmalschutz mit verbundenen Augen vorbeigegangen sein muss. Voll im Trend liegen jene Bauernhöfe an der Durchgangsstraße, die selbstgemachten Käse, frische Butter, Calvados und nach Rezepten der Oma angefertigte Marmelade verkaufen.

6

Seite 50

Das Dorf **Crèvecœur-en-Auge** (550 Einw.) verdankt seinen festen Platz unter den Sehenswürdigkeiten des Pays d'Auge einzig und allein dem **Château de Crèvecœur* (🕓 1. April–30. Okt. 11–18 Uhr). Schon der verspielte Eingangspavillon macht neugierig: Der Sockel des verglasten Rundportals weist wieder das für die Gegend typische Schachbrettmuster in farbigen Mauersteinen auf. Das obere Geschoss mit seinem geometrischen Fachwerkmuster und den flankierenden schindelgedeckten Kegeltürmchen sieht aus, als würde jeden Augenblick die Torwache das bleiverglaste Fenster aufreißen und wissen wollen, wer da Einlass begehre. Fünf weitere Einzelgebäude, darunter ein Gehöft, eine Scheune, ein niedliches Taubenhaus und der Haupttrakt mit dem Schlumberger-Museum, vervollständigen die Burganlage von Crèvecœur.

Der ***Manoir de Coupesarte** schlägt Besucher durch seinen rustikalen Charme in Bann. Der uralte Gutshof kann von außen besichtigt werden. Er liegt wie eine kleine Wasserburg inmitten eines künstlich angelegten Teichs, in dem ausladende Baumkronen ihre Zweige baden.

Livarot (2500 Einw.) besitzt keine überragenden Sehenswürdigkeiten – man gibt sich mit Profanem zufrieden: Der Ort hat seinen Namen einem bekannten kegelförmigen Käse gegeben.

Allwöchentlich lockt am Donnerstag der Wochenmarkt in Livarot mit einem Riesenangebot der tollsten Käsesorten. Einen noch größeren und bedeutenderen Markt veranstaltet jeden Montag das 16 km östlich gelegene Städtchen **St-Pierre-sur-Dives,** das traditionell Umschlagplatz ist für alles, was Ackerbau und Viehzucht an Rohstoffen fürs leibliche Wohl produzieren. Schon allein die Größe der gewaltigen *Halle aux Grain* (Kornhalle) im Ort ist ein Beweis dafür, dass ihre Erbauer, die Mönche der **Abbaye de St-Pierre-sur-Dives,* schon im 13. Jh. durchaus ein Gespür für florierende Geschäfte besaßen.

Die Kirche der Abtei St-Pierre-sur-Dives entstand ab dem 12. Jh. auf den Fundamenten eines zerstörten romanischen Vorgängerbaus.

„Hauptstädte" des Camembert

Auf dem Marktplatz von **Vimoutiers** (5000 Einw.) wurde der Bäuerin Marie Harel ein Denkmal gesetzt: Ihr wird die Erfindung des größten Exportschlagers der Region, des Camembert, zugeschrieben. Diesem Käse, seiner Geschichte und seinem Herstellungsprozess ist das *Musée du Camembert* (10, av. de Gaulle) gewidmet.

Ihren Ruf als Produktionsstätte dieses weltberühmten Weichkäses musste die Ortschaft **Camembert** an Vimoutiers abtreten, weil der Strukturwandel in der normannischen Landwirtschaft auch die Käsereien im Ort nicht verschonte.

Schlossmuseum von Crèvecoeur-en-Auge

Tipp Wer einen traditionellen Betrieb besichtigen will, ist auf der *Ferme de la Héronnière* richtig (☎ 02 33 39 08 08; Führungen Mo–Sa nach Voranmeldung).

Von Camembert bis zur Côte Fleuri

* Château St-Germain-de-Livet

Die Touques umfließt das hübsche Wasserschlösschen, das zu den bekanntesten Sehenswürdigkeiten im Pays d'Auge gehört (🕓 1. Okt. bis 30. März 10–12 und 14–17, 1. April bis 30. Sept. 10–12 und 14–19 Uhr, Di Ruhetag; Führungen nach Voranmeldung unter ☎ 02 31 31 00 03). Wie gehabt, wurde auch hier die Fassade im Schachbrettmuster aus vermauerten Natursteinen und Klinkern im Wechsel hochgezogen. Dem Haupteingang stehen zwei schlanke Türmchen mit kegelförmigen Dächern zur Seite, wobei die Dachkonstruktion des linken Eckturms irgendwie massiver geraten ist und nun wie ein viel zu groß geratener Hut auf dem Unterbau sitzt.

Der Erfinderin des Camembert setzte Vimoutiers ein Denkmal

6

Seite 50

Lisieux

Die größte Stadt (26 000 Einw.) im Pays d'Auge ist auch dessen kommerzielles, industrielles und religiöses Zentrum. Etwa seit dem 5. Jh. Bischofssitz, ist der Ort mit seinem Karmeliterkloster, in dem die hl. Thérèse Nonne war, seit Jahrzehnten eines der bedeutenden Wallfahrts-

Wohnliche Innenräume im Château St-Germain-de-Livet

ziele in Frankreich. Erstes Ziel der meisten Wallfahrer ist die monumentale Basilique Ste-Thérèse, die der Nonne Thérèse Martin gewidmet ist. Sie trat als 15-jährige dem Karmeliterinnenorden bei. Ihr außerordentlich frommes und aufopferungsvolles Klosterleben dauerte aber nur neun Jahre; 1897 starb sie an Tuberkulose. 1923 wurde Thérèse selig, zwei Jahre später heilig gesprochen. Die riesige Kathedrale, die ihr zu Ehren 1954 in Lisieux geweiht wurde, lässt die Bescheidenheit und Genügsamkeit, die der Heiligen eigen waren, komplett vermissen.

Neben dieser Kirche gilt vielen Besuchern *Les Buissonnets* (Maison de Ste-Thérèse, Eingang bei Hausnummer 56 am bd. Herbert-Fournet) als wichtiges Pilgerziel. Hier lebte Thérèse Martin bis zu ihrem Eintritt ins Kloster mit ihrem Vater und den Geschwistern.

Dass Lisieux früher ein Schmuckstück war, beweisen die Stiche, Aquarelle und historischen Fotos im *Musée du Vieux-Lisieux* (38, bd. Pasteur). Viele Exponate konnten trotz der schweren Schäden aus einem vor 1944 existierenden Museum gerettet werden, darunter typisches Mobiliar, normannische Keramiken und volkskundliche Stücke, von denen die meisten aus dem Pays d'Auge stammen.

6

Seite 50

Auf geschichtsträchtigem Boden steht die Kirche *St-Pierre* im Stadtzentrum. In ihrem Vorgängerbau fand 1152 die denkwürdige Hochzeit von Henri II Plantagenet, seit 1154 König von England, mit Eleonore von Aquitanien statt. Die damals begründete Erbfolge hatte knapp 200 Jahre später Konsequenzen von europäischer Dimension: Sie löste mit dem Anspruch des englischen Königs Edward III auf den französischen Thron den Hundertjährigen Krieg aus.

Im ehemaligen Bischofspalast (Palais épiscopal) bewegen heute Justiz- und Verwaltungsbeamte staubige Aktenberge. Ein wesentlich angenehmeres Flair strahlt da die * *Salle dorée* (Goldener Saal) aus, deren prächtige Kassettendecke aus dem 17. Jh. stammt.

Office de Tourisme,
11, rue d'Alençon,
F-14107 Lisieux,
☎ 02 31 62 08 41,
Fax 02 31 62 35 22.

An der Strecke Paris (Gare St-Lazare), Evreux, Lisieux und weiter nach Caen bzw. Cherbourg. Über eine Nebenstrecke ist die Stadt auch mit der Côte Fleurie verbunden.

Nähere Umgebung Pont-l'Evêque, Honfleur, Livarot und Vimoutiers.

Espérance, 16, bd. Ste-Anne, ☎ 02 31 62 17 53, Fax 02 31 62 34 00. Innenstadthaus mit 100 Zimmern. $$

Terrasse Hôtel, 25, av. Ste-Thérèse, ☎ 02 31 62 17 65, Fax 02 31 62 20 25. Kleines Hotel mit Atmosphäre. $

Ferme du Roy, etwa 2 km außerhalb an der Straße nach Deauville, ☎ 02 31 31 33 98. Bestes Restaurant der Stadt in einem historischen Bauernhof. $$

Aux Acacias, 13, rue Résistance, ☎ 02 31 62 10 95. Landestypische Küche, zentrale Lage. $$

La France, 5, rue au Char, ☎ 02 31 62 03 37. Preisgünstiges Restaurant in der Nähe der Eglise St-Pierre. $

Käsehochburg

Das wenige Kilometer von der Côte Fleurie entfernte kleine Städtchen **Pont-l'Evêque** ist neben Camembert und Livarot die dritte bekannte Käsehochburg des Pays d'Auge. Spätestens seit dem 17. Jh. stellt man hier den quadratischen, cremigen Weichkäse Pont-l'Evêque her.

Pont-l'Evêque (4000 Einw.) lockt nicht nur mit Käse: Eine andere Spezialität der lokalen Küche sind die überaus schmackhaften Lachsforellen mit ihrem zartrosafarbenen Fleisch. Schließlich fehlt auch der Calvados nicht, der vor Ort bei „Le Père Magloire“ (rte. de Trouville) nach traditionellen Verfahren destilliert wird. Den Kellereien ist das *Musée du Calvados et des Métiers Anciens* (🕓 April–Okt. tgl. 10.30–12 und 14.30–18.30 Uhr) angeschlossen.

Die Mörderin von Jean Marat

Die Apfelbäume tragen weiße Blüten im lieblichen Pays d'Auge, wo eilige Autofahrer vor heranstampfenden Kuhherden kapitulieren und die Schlechtigkeit der Welt so weit entfernt zu sein scheint wie der Vollmond, der nachts über dem hügeligen Wiesenland aufgeht. Doch der Schein trügt. Nicht weit von der Käsehochburg Vimoutiers steht in der Landgemeinde Champeaux ein halbzerfallenes Fachwerkhaus mit blinden Fenstern und bröckelndem Mauerwerk. Es ist das Geburtshaus einer Meuchelmörderin, die am 13. Juli 1793 für ein paar Minuten die Bühne der Weltgeschichte bestieg. Die Rede ist von Marie Anne Charlotte Corday d'Armont, einer Urenkelin des französischen Bühnendichters Pierre Corneille, die den Radikalrevolutionär Jean-Paul Marat ermordete.

Charlotte erblickte am 27. Juli 1768 auf der Ferme Le Ronceray in Champeaux das Licht der Welt. Als 14-jährige kam sie zu ihrer Tante nach Caen, die in der Rue St-Jean Nr. 148 wohnte. Das junge Mädchen besuchte in den folgenden Jahren die berühmte Abbaye-aux-Dames, wo sie eine standesgemäße Klostererziehung erfuhr und den Beginn der Französischen Revolution erlebte. Während ihr Vater auf der Seite der Monarchisten stand, wurde aus Charlotte eine überzeugte Republikanerin, die von der Exekution des Königs, dem Beginn der Girondistenverfolgung sowie von den Blutgerichten der Montagnards so tief betroffen war, dass sie schließlich einen Attentatsplan schmiedete. Im Juli 1793 fuhr sie mit der Postkutsche nach Paris, um den ihr verhassten Jean-Paul Marat, der für sie Inbegriff der Despotie und des Terrors war, umzubringen. Am 13. Juli fragte sie sich mit dem vorgeschobenen Argument, für einige verurteilte Bürger von Orléans um Begnadigung bitten zu wollen, zu dessen Adresse durch, verschaffte sich Zugang zum Haus und erstach den in der Badewanne Sitzenden mit einem Messer. Bereits vier Tage später wurde die Mörderin vom berüchtigten Pariser Henker Sanson enthauptet, ihr abgeschlagener Kopf vom Henkersgehilfen als letzte Demütigung noch geohrfeigt. „Das Volk wird sich eines Tages darüber freuen, vom Tyrannen befreit zu sein", hatte sie aus dem Kerker ihrem Vater in einem Brief mitgeteilt.

Während die Bluttat den Lauf der Revolution nur unwesentlich beeinflusste, regte sie zahlreiche Künstler dazu an, sich mit dem Anschlag auf ihre Weise auseinanderzusetzen. Noch im Todesjahr von Marat malte Jacques Louis David das berühmte Bild des erdolchten Revolutionärs, der, einen Gänsekiel in der rechten Hand haltend, tot am Rand der Wanne lehnt. Während die Fraktion der Corday-Anhänger, unter ihnen Jean Paul, sie mit Pinsel oder Feder zur Märtyrerin machten, hielten sie ihre Gegner im günstigsten Fall für irre, sprachen ihr teils aber auch die Identität als Frau ab und rückten sie in die Nähe eines zwitterhaften Wesens.

6

Seite 50

Route 7

Strände wie Sand am Meer

Die Côte de Nacre und ihr Hinterland Le Bessin (160 km)

Die Zeit heilt Wunden! Wo im Schutz der Nacht vom 5. auf den 6. Juni 1944 die Invasion der Alliierten zur Befreiung Frankreichs begann, tummeln sich heute auf den Sandstränden vor Steilküsten in fast perfekter Idylle einheimische wie ausländische Urlauber. Aber noch immer holt einen an vielen Stellen dieses Küstenstreifens unweigerlich die Geschichte ein.

Ein Meisterwerk ...

Doch nicht nur Krieg und Gewalt, sondern auch Geist und Kultur haben am Küstenstreifen und in seinem Hinterland deutliche Spuren hinterlassen, wie etwa im malerischen Provinzstädtchen Bayeux, das mit dem „Teppich von Bayeux" einen unbezahlbaren kunsthistorischen Schatz in seinen Mauern weiß.

Seite 75

Als „Perlmuttküste" wird dieser Küstenstrich zwischen Ouistreham/Riva-Bella und Grandcamp-Maisy bezeichnet, dessen Hinterland, *Le Bessin,* aus Wiesen, Weiden und Äckern besteht. Dazwischen liegen Dörfer, in denen man eher uralte Kuhställe vermutet als etwa stolze Schlösser wie Fontaine-Henry.

Die Rundtour durch diesen Teil des Département Calvados beginnt und endet in Caen. Eilige Zeitgenossen können sie als Tagesausflug schaffen. Mit etwas mehr Muße wird man die Gegend aber eher als ein beschauliches Stückchen Erde kennen lernen.

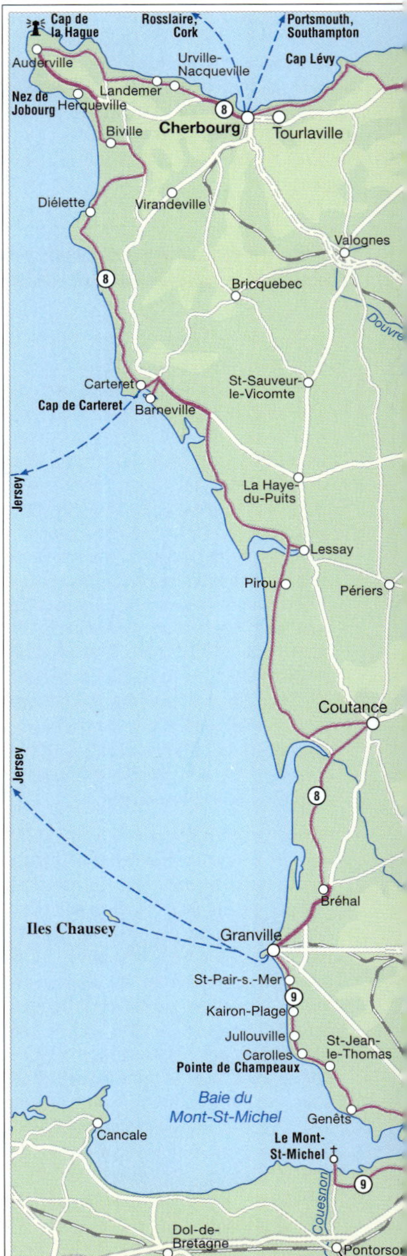

ROUTEN 7-10
0
20 km
N
Baie de la Seine
Pointe de Barfleur
Barfleur
Tocqueville
Pointe de Saire
Quettehou
St-Vaast-la-Hougue
Iles St-Marcouf
Fontenay-s.-Mer
Montebourg
Utah Beach
La Madeleine
Ste-Mère-Eglise
Ste-Marie-du-Mont
Grandcamp-Maisy
Omaha Beach
Port-en-Bessin
Courseulles-s.-M.
Langrune-s.-Mer
Riva-Bella
Ouistreham
Bénouville
Arromanches-les-Bains
La Cambe
Isigny-s.-Mer
Carentan
Bayeux
Creully
Fontaine-Henry
Andrieu
Caen
Paris
Vire
St-Lô
Agneaux
Caumont-l'Eventé
Villers B.
Orne
Aunay-s.-D.
Torigni-s.-Vire
La Ferrière-Harrang
Thury-Harcourt
St-Rémy
Clécy
Château de Pontécoulant
Pont d'Ouilly
Gavray
Sienne
Allière
Vire
Condé-s.-Noireau
Villedieu-les-Poêles
Tinchebray
Flers
Brécey
Sourdeval
Sée
Varenne
Briouze
Avranches
Mortain
Pontaubault
St-Hilaire-du-Harcouët
Domfront
Le Ferté-Macé
Sélune
Rennes
7
8
10

7
Seite 75

Alliierte Landung

Im Zuge der „Operation Mulberry" errichteten die Alliierten 1944 in der Bucht von Arromanches-les-Bains einen künstlichen Hafen aus Pontons, die über den Ärmelkanal geschleppt und schließlich durch Fluten auf Grund gesetzt wurden. Nur auf diese Weise konnte das Anlanden von Soldaten und riesigen Materialmengen sicher gestellt werden. Bei Ebbe werden Teile dieser Hafenanlagen am Sandstrand sichtbar.

Côte de Nacre

Die Hauptstadt der Basse Normandie, ** **Caen,** (s. S. 40), liegt zwar rund 15 km von der Küste entfernt, ist aber über den *Canal de Caen à la Mer* mit dem Meer verbunden. Und genau seinem Verlauf folgt die Straße in Richtung Ärmelkanal nach **Bénouville.** Dort überspannte bis 1993 die historische Pegasusbrücke sowohl die Orne als auch den Kanal. Dieser Flussübergang gehörte im Juni 1944 zu den ersten wichtigen Objekten, die von britischen Fallschirmjägern eingenommen wurde. Um so härter fiel der Entschluss, das für den Durchgangsverkehr zum Nadelöhr gewordene Denkmal der Befreiung Frankreichs durch eine moderne Brücke zu ersetzen.

7

Seite 75

Ouistreham/Riva-Bella (6700 Einw.). Die Ursprünge des Doppelortes liegen im Dunkeln. Erst im 19. Jh. mauserte sich Riva-Bella mit seinem schönen Strand zum Seebad mit Kasino. Als positiver Schub wirkte sich auf die Gästestatistik die Gründung des Instituts für Thalassotherapie aus.

Arromanches-les-Bains (500 Einw.) gehört zu den meistbesuchten Zielen dieser Küste. Seine Berühmtheit verdankt der Ort in erster Linie nicht seiner schönen Küstenlage, sondern der Invasion am Ende des Zweiten Weltkriegs. Aufschluss über die damaligen Ereignisse vermittelt das *Musée du Débarquement* (am Parkplatz an der Strandpromenade; ⏲ tgl. 9–19 und im Winter 9.30–18 Uhr).

Port-en-Bessin-Huppain (14 500 Einw.). Das alte Hafenbecken mit bunten Booten und Segeljachten ist ein wahrer Lichtblick, nicht nur durch den Kamerasucher.

Bars und kleine Restaurants haben die Tische auf den Gehsteig gerückt – bei schönem Wetter ein guter Platz, um dem geschäftigen Treiben zuzusehen. An der nach Süden führenden Hauptstraße liegt am Ortsausgang links ein von Bäumen beschatteter sauberer Platz mit fest installierten Tischen.

Omaha Beach ist der Küstenabschnitt, an dem der Krieg noch tiefere Wunden schlug als an den meisten anderen. Omaha Beach – das sind die Strände der Küstengemeinden *St-Laurent, Colleville* und *Vierville-sur-Mer.* Hier kämpften sich 1944 unter schweren Verlusten die amerikanischen Invasionstruppen der Ersten Division an Land. In *Colleville* liegt der 1956 ein-

Grandcamp-Maisy

Bei Ebbe riecht man im Sommer das Watt, wenn die Sonne den Seetang und die kleinen Meereslebewesen trocknet. Das Flüsschen Vire, das dort in den Atlantik fließt, hat mit seinem Schwemmsand über Jahrhunderte hinweg den Strand immer weiter hinausverlagert und somit ideale Bedingungen für die Austern- und Muschelzüchter geschaffen. Das Geschäft mit den Schalentieren hat sich allen Unkenrufen zum Trotz in den letzten Jahrzehnten als einträglich erwiesen. Und dieser Erfolg ist den Züchtern zu gönnen, denn sie haben einen Knochenjob, der seinen Mann fordert.

geweihte *Cimetière militaire U. S. A.*, auf dem die 9386 US-Soldaten liegen, die beim Sturm auf die Steilküste ums Leben kamen. Rund 14 000 weitere Gefallene wurden in die Vereinigten Staaten überführt.

Meilenstein auf dem „Liberty Way" bei Utah Beach

Das Bessin

Zur Rückreise von Grandcamp-Maisy nach Caen sagt man der schönen Küstenlandschaft Adieu und wendet sich dem Landesinneren des Bessin zu, wo den Reisenden ein kontrastreiches Programm erwartet.

In herrschaftlicher Umgebung speisen? Das **Château d'Audrieu** (18. Jh.) – in Audrieu zwischen Caen und Bayeux gelegen – bietet dafür das geeignete Ambiente und eine schmackhafte Küche außerdem (☎ 02 31 80 21 52, FAX 02 31 80 24 73; $$–$$$).

Die Ebbe legt die riesigen Pontons aus dem Zweiten Weltkrieg bei Arromanches-les-Bains frei

** Bayeux

Die Hauptstadt des Bessin (14 700 Einw.) ist etwas für Herz und Gemüt. Am Ufer der Aure, die sich ihren Weg durchs Stadtzentrum sucht, hat als historisches Dekorationsstück noch das eine oder andere bemooste Holzrad überlebt, das an die Zeit der Kornmühlen erinnert. Damals mauerten in den krummen Gassen des Ortskerns fleißige Baumeister die Fachwerkfassaden hoch, die im Alter längst schief und bröckelig geworden sind und heute eine zauberhafte mittelalterliche Stimmung schaffen.

Keine Frage, dass in einem solchen malerischen Milieu Touristen aus nah und fern zum Straßenbild gehören, zumal Bayeux mit einer der bekanntesten Sehenswürdigkeiten der ganzen Normandie lockt, dem **Teppich von Bayeux** (s. S. 79), einem einmaligen Kunstwerk und weltberühmten Zeitdokument zu-

US-Friedhof bei Colleville

7

Seite 75

gleich, das den Feldzug Wilhems über den Ärmelkanal zu Eroberung der englischen Krone im Jahr 1066 in detailgetreuen Bilderfolgen festhält. Die auch als Tapisserie de la Reine Mathilde bezeichnete Rarität ist im *Centre Guillaume-le-Conquérant* ausgestellt (Rue de Nesmond, ☎ 02 31 51 25 50; 🕓 13. März–30. April und 1. Sept. bis 17. Okt. 9–18.30, 18. Okt.–12. März 9.30–12.30 und 14–18 Uhr, 1. Mai bis 30. Aug. 9.00–12.30 und 14–18 Uhr).

Der Bau der ** *Cathédrale de Bayeux*, als deren Schmuck der Teppich ursprünglich gedacht war, begann 1047 und dauerte drei Dekaden, ehe die Kirche im Beisein von Wilhelm dem Eroberer eingeweiht wurde. Doch auch in den nachfolgenden Jahrhunderten blieb die Kirche Baustelle. Nachdem der zentrale Vierungsturm im 18. Jh. mit einer barocken Haube ausgestattet worden war, kamen den Statikern schwere Bedenken wegen des großen zusätzlichen Gewichts. Im 19. Jh. entschloss man sich, einem eventuellen Einsturz vorzubeugen. Fundamente sowie andere tragende Teile wurden verstärkt, der Kathedrale wurde eine neue Spitze aufgesetzt. Um- und Neubauten brachten nicht nur Kosten und Probleme mit sich, sondern auch freudige Überraschungen: Im 15. Jh. wurde eine romanische Krypta entdeckt, die lange Zeit verschüttet gewesen war.

7

Seite 75

Wer Bayeux nach der Besichtigung des Teppichs und der Kathedrale den Rücken kehrt, erfährt nichts über die Schönheit und Atmosphäre des alten ** *Stadtkerns* mit seinen Patrizierhäusern aus der Zeit vom 14.–18. Jh. Im ältesten Bürgerhaus, einem großartigen dreigeschossigen Fachwerkbau mit steilem Satteldach, ist das *Office de Tourisme* (s. u.) einquartiert. Neben diesem historischen Schmuckstück stehen weitere Baudenkmäler in sehenswerten Altstadtstraßen, wie z. B. in der Rue de la Jurisdiction die aus dem 15. Jh. stammende *Maison du Bienvenue* (Ecke Rue de Bienvenue). Aber auch durch die *Rue de Quincangrogne*, *Rue des Ursulines* oder *Rue du Général-de-Dais* sollte man nicht unbedingt mit gesenktem Kopf gehen.

ℹ Office de Tourisme,
1, rue des Cuisiniers,
F-14403 Bayeux,
☎ 02 31 51 28 28, FAX 02 31 51 28 29.
🚆 Paris–Caen–Cherbourg.
🚌 Verbindungen zu den Badeorten entlang der Côte de Nacre bzw. Caen.

Lion d'Or, 71, rue St-Jean,
☎ 02 31 92 06 90,
FAX 02 31 22 15 64. Luxushotel in einem historischen Gebäude im Zentrum. $$$

Luxembourg, 25, rue Bouchers,
☎ 02 31 92 00 04, FAX 02 31 92 54 26. Komfortables, zentral gelegenes Haus. $$$

Argouges, 21, rue St-Patrice,
☎ 02 31 92 88 86, FAX 02 31 92 69 16. Gehobene Mittelklasse, etwas außerhalb der Altstadt. $$

Churchill, 14–16, rue St-Jean,
☎ 02 31 21 31 80, FAX 02 31 21 41 66. Günstige Preise für Halbpension. $$

Lion d'Or (s. o.). Beste Küche am Platz, günstige Gelegenheit, die Spezialität Blutwurst (Andouille) zu probieren, die allerdings nicht jedermanns Geschmack ist. $$

L'Amaryllis, 32, rue St-Patrice,
☎ 02 31 22 47 94. Gute und preiswerte Gerichte. $

Château Fontaine-Henry (🕓 zu erfragen unter ☎ 02 31 80 00 42). Dieses Schloss gehört zur Landschaft der Normandie wie der blühende Apfelbaum. Der Prachtbau steht auf Ruinenresten aus dem Mittelalter und erlebte nach schweren Zerstörungen im Hundertjährigen Krieg seine „Wiederauferstehung“, als sich die Familie Harcourt im 15. und 16. Jh. um die Anlage zu kümmern begann. Natürlich prägte der damals moderne Baustil, die italienische Renaissance, das neue Gesicht von Fontaine-Henry. Unverkennbar die Silhouette des Schlosses: steile Sattel- und Kegeldächer.

Nadelstiche machen Geschichte

Klöster und Herrenhäuser, Schlösser und Burgen, Kreideklippen und Calvadosbrennereien: Die Normandie bietet eine Menge Sehenswürdigkeiten, aber nur einen einzigen ****Teppich von Bayeux.** Mit Auslegeware hat der absolut nichts zu tun. Vielmehr handelt es sich sowohl um ein einzigartiges Kunstwerk als auch um ein großartiges Zeitdokument. Das Thema dieser Bildergeschichte ist der epochale Feldzug: 1066 schiffte sich Wilhelm der Eroberer nach England ein, erstritt sich in der Schlacht gegen König Harold die englische Krone sowie dessen Inselreich und vereinigte es zusammen mit der Normandie in seiner Hand.

Ortstermin: *Centre Guillaume-le-Conquérant* im Calvadosstädtchen Bayeux. Wer glaubt, er könne die dort ausgestellte *Tapisserie de la Reine Mathilde* – so die französische Bezeichnung für den Teppich – im Sturm erobern, sieht sich getäuscht. Erst ist Geschichtsunterricht in Form einer Ton-und-Bild-Schau angesagt, ehe man in die heiligen Hallen des Harold-Saales vordringen darf. Ein Sack voller Kronjuwelen könnte nicht besser gegen die Besuchermassen gesichert sein, die Tag für Tag an dieser geschichtlichen Reliquie vorbeipilgern. Schusssicheres Glas hält allzu Neugierige auf Distanz; abgedunkelte Leuchten hüllen den Teppich nicht nur in mystisches Licht, sondern bewahren die Farben auch vor dem Verbleichen. Aber was heißt hier schon Teppich! Star der Ausstellung ist ein rund 70 m langer und etwa einen halben Meter breiter Leinenstreifen, auf den mit bunter Wolle und Millionen von Nadelstichen Bilderfolgen über die historischen Ereignisse gestickt wurden. Pietätlosen Gemütern kommt der Satz vom „längsten und ältesten Comic der Welt" über die Lippen, eine nicht ganz unzutreffende Bezeichnung, wenn man die Szenen näher in Augenschein nimmt. Da gibt es behelmte Reiter, die Schilde und Schwerter tragen, während andere, von fürchterlichen Hieben niedergestreckt, auf dem Boden liegen. Doch nicht mit dem eigentlichen Kampf allein beschäftigt sich der Dokumentarstreifen. Er schildert auch, wie Harold bei einem vorausgehenden Besuch in der Normandie seinen Verzicht auf die englische Krone beschwört oder wie er, in Szene 17, zwei normannische Soldaten aus der Bucht von St-Michel rettet. Zudem ist das Kunstwerk mit bebilderten Bordüren versehen, aus denen die Experten viele Informationen zur Rekonstruktion der tatsächlichen Vorgänge entnommen haben. Die Detailgenauigkeit der Darstellung ist verblüffend. Es gibt 58 lateinisch beschriftete Szenen. Dargestellt sind insgesamt 623 Figuren, 759 Tiere sowie 37 Bauten und Schiffe, die an der Eroberung Englands beteiligt waren.

Wahrscheinlich wurde der „Teppich" erstmals am 14. Juli 1077 bei der Einweihung der Kathedrale von Bayeux ausgestellt. Wer ihn anfertigte, ist ungewiss, doch deutet einiges darauf hin, dass er von Odon de Conteville, dem damaligen Bischof von Bayeux, in Auftrag gegeben und in England hergestellt wurde. In seiner über 900jährigen Geschichte wurde er nur zweimal aus Bayeux weggebracht: erstmals von Napoleon 1803, der ihn im Louvre in Paris ausstellen ließ, um auf diese Weise für einen Angriff auf den Feind jenseits des Kanals zu werben; zum zweiten Mal während des Zweiten Weltkriegs, als die Tapisserie an unterschiedlichen Orten versteckt wurde, um sie vor Schäden zu bewahren. Diese historische Treue der Bevölkerung zu „ihrem Teppich" hat in den Jahrzehnten eine bis dahin unbekannte Dimension angenommen. Das Leinenstück entpuppte sich als touristisches Zugpferd.

Seite 75

Route 8

Normandie pur

Küstenroute um die Halbinsel Cotentin (354 km)

Es scheint, als hätten die Menschen dieser Gegend in der Vergangenheit ein gerüttelt Maß an besonders schlechten Erfahrungen gesammelt. Ihre alten Gehöfte und Häuser gleichen jedenfalls eilig errichteten Miniaturfestungen aus groben Felssteinen. Offenbar mussten sie sich in diesem entlegenen Landstrich in der Vergangenheit nicht nur gegen stürmische Winde wappnen. Nicht selten reichen die holprigen Äcker der Bauern bis auf einen Steinwurf an die Meeresbrandung heran, wo das Kraut von der Gischt schon gesalzen wird, noch bevor es geerntet ist. Kein Punkt auf der ganzen Halbinsel Cotentin liegt weiter als 50 Kilometer von der Küste entfernt.

Tipp Wer sich auf diese mehrere hundert Kilometer lange Tour begibt, sollte mind. drei Tage veranschlagen und als Zwischenstopps Cherbourg und Granville anpeilen – beides Orte, die über eine ausreichende touristische Infrastruktur verfügen.

Östlicher Cotentin

St-Lô (26500 Einw.), die Hauptstadt des Département Manche, liegt auf einer Erhebung über dem Tal der Vire und bietet sich als Ausgangspunkt dieser Tour an. Dass der Ort trotz seiner administrativen Bedeutung heute zu den weniger bekannten Touristenzielen gehört, ist den schweren Zerstörungen zuzuschreiben, die während des Zweiten Weltkriegs rund 90 % der Bauten in Schutt und Asche legten.

Carentan (7500 Einw.) wird allgemein als „Tor zum Cotentin“ bezeichnet. Der Ort besitzt keine großen Sehenswürdigkeiten, hat sich aber als Umschlagplatz für Produkte der Vieh- und Milchwirtschaft einen Namen gemacht. Allwöchentlich bringen am Montag die Bauern des Umlandes ihre Kühe zum traditionellen Viehmarkt.

Der kürzeste Weg an die Küste führt zwar über **Ste-Marie-du-Mont,** doch lohnt sich ein kleiner Abstecher über **Ste-Mère-Eglise,** das als erste französische Ortschaft von den deutschen Besatzern befreit wurde. Beim Angriff der Alliierten in der Nacht des 6. Juli 1944 spielte sich eine, aus heutiger Sicht gesehen, filmreife Szene ab. Der Fallschirm des Amerikaners John Steele verhedderte sich nämlich kurz vor der Landung an der Kirchturmspitze. Der Unglückliche konnte erst Stunden später aus seiner misslichen Lage befreit werden. An diese Episode erinnert heute eine Fallschirmjägerpuppe am Kirchturm. Im Musée des Troupes Aèroportées (🕓 im Sommer 9–18, 15. Nov. bis 15. Dez. 10–12 und 14–18 Uhr; 15. Dez. bis 15. Jan. geschl.) gibt es Fotos, originale Ausrüstungsgegenstände und einen Lastensegler des damaligen Befreiungsunternehmens zu sehen.

Utah Beach. Der breite, flache Sandstreifen mit den niedrigen, von Strandhafer bewachsenen Dünen ähnelt einem Gemälde von Boudin, wenn sich weiße Wolkenberge auftürmen oder Gewitterwolken über dem unendlich weiten Horizont zusammenbrauen.

Bahn frei ...

Im Sommer verwandelt sich diese Küste in eine Rennbahn für Strandsegler, die sich von der steifen Brise mit Karacho durch die Wasserpfützen treiben lassen. Selbst als Zuschauer macht es Spaß, den bunten Flitzern bei ihren Manövern eine Weile zuzuschauen.

Seite 75

Utah Beach ist ein Stück Strand mit grauenhafter Vergangenheit. Monumente und Gedenktafeln, Haubitzen und Fahrzeuge entlang der Strandstraße erinnern an den „längsten Tag“, als dieser Küstenabschnitt bei der Invasion im Sommer 1944 zum hart umkämpften Landeplatz für Mensch und Material wurde.

Bunkeranlage bei Pointe du Hoc

Als friedliche Idylle präsentiert sich demgegenüber das alte Hafenbecken von **St-Vaast-la-Hougue** (2100 Einw.). Hier darf der Ferienmensch entspannen und beim Blick auf farbenfroh gestrichene Boote und rostige Fischkutter seinen Calvados genießen. Der Ort hat unter Feinschmeckern einen herausragenden Ruf: Hier werden die besten normannischen Austern geerntet.

Am alten Hafen des Miniortes Barfleur

Nördlicher Cotentin

Barfleur (600 Einw.). Der Miniort mit seinen wuchtigen Steinhäusern am geschützten ** *Hafen* sieht vor allem bei schönem Wetter wie die Kulisse zu einem Seefahrerfilm aus. Aber die aufgestapelten Reusen, die zum Trocknen ausgelegten Leinen und Netze entlang der Kais sind Indiz für einen lebendigen Alltag.

Nördlich von Barfleur führen Stichstraßen an einigen Stellen ans Meer, die an ihrem Ende immer eine kleine Überraschung parat haben: An der zerklüfteten Küste der **Pointe de Saire** kann man in einem provisorisch wirkenden Café während der Sommermonate eine Erfrischung zu sich nehmen und dabei den Möwen zuschauen. Bei *Gatteville-le-Phare* reicht die Landspitze **Pointe de Barfleur** weit in den Ärmelkanal hinein. Die Plattform des 71 m hohen Leuchtturms bietet sich dort als Ausguck auf die küstennahe Landschaft an. In **Tocqueville** steht im Ortszentrum die Büste des Staatsmannes und Historikers Alexis de Tocqueville.

Historische Verteidigungsanlagen von Cherbourg

8

Seite 75

Vor der Stadtgrenze von Cherbourg war das Schloss von **Tourlaville** Schauplatz einer tragischen Geschichte, die die 13-jährige Marguerite de Ravelet mit dem Leben bezahlen musste. Nachdem ihre Eltern sie mit einem 45-jährigen brutalen Mann verheiratet hatten, floh sie und suchte bei ihrem Bruder in Paris Schutz. Der Ehemann rächte sich, indem er die Geschwister des Inzestes beschuldigte, worauf beide am 2. Dezember 1603 enthauptet wurden.

Marinebasis Cherbourg

Eine auffällige Erscheinung kennzeichnet das Straßenbild des Cotentin-Hafens: Man könnte Matrosenanzüge und Marineuniformen für den letzten modischen Schrei halten, wüsste man nicht um Cherbourgs Funktion als Militär- und Heimathafen der französischen U-Boot-Flotte. Ausländern ist der Zutritt zu der Marinebasis Arsenal nicht gestattet, von der aus das erste atomgetriebene Unterseeboot unter der Trikolore vom Stapel lief.

Cherbourg

Die Stadt (92 000 Einw.) an der Nordspitze des Cotentin ist für die meisten nur notgedrungen ein Ziel auf dem Weg von oder nach England per Fähre vom *Gare Maritime* aus. Neben den Kanalfähren und Kriegsschiffen – Cherbourg ist einer der wichtigsten Militärhäfen Frankreichs – besitzen seit einigen Jahren auch Jachten und Sportboote mit dem Port Chantereyne eine stark frequentierte Anlegestelle.

8

Seite 74

Nicht weit vom Hafen entfernt, auf der *Place Napoléon*, sitzt Kaiser Napoléon I auf seinem Bronzepferd und deutet mit ausgestreckter Hand vielsagend über den Ärmelkanal – nach England hinüber, dem Land, das ihm in besagten Napoleonischen Kriegen am ausdauerndsten trotzte.

Die *Basilika Ste-Trinité* an der Rue de l'Eglise steht an jener Stelle, an der sich schon im 11. Jh. eine Vorgängerkirche erhob. Der Bau ist vor allem in seiner Ornamentik stark vom Flamboyant geprägt, doch ist die Gotik nicht der durchgängige Baustil. So stammen z. B. ein Altar aus der Barockzeit, der Turm datiert aus dem Jahr 1825. Viele Besucher kommen in diese Kirche, um die rund 400 Jahre alten geschnitzten und farbig bemalten Dekorationen an der oberen Galerie des Schiffs mit Szenen aus dem Leben Jesu sowie aus dem Totentanz zu bewundern.

Hintergrundkulisse bildet die neobarocke Fassade des 1882 erbauten *Théâtre*, auf dessen Rückseite sich im Gebäude des Kulturzentrums das *Musée Thomas-Henry* befindet (tgl. außer Mo 9–12 und 14–18, So ab 10 Uhr; ☎ 02 33 23 02 23). Mit den Werken von Malern wie Fra Angelico sowie Jean-François Millet und Hubert Robert beweist das weit von den Kulturhochburgen entfernte Lokalmuseum Qualität.

Ein fabelhafter Blick über das Häusermeer bietet sich vom etwa 100 m hohen Hügel des *Fort du Roule*. Von diesem einst strategisch wichtigen Punkt gleitet der Blick über eine riesige dreidimensionale Landkarte mit breiten Straßenzügen und Häuserblocks, Hafen- und Industrieanlagen vor dem glitzernden Horizont des Ärmelkanals.

Bauernmarkt

Ein Platz zum Verweilen ist die Place de Gaulle. Dienstags und donnerstags bieten die Cotentin-Bauern und -Fischer unter bunten Markisen ihre Ware an. Die Marktstände biegen sich unter Gemüse- und Obstbergen, kunstvoll drapierten Pastetchen, geräuchertem Schinken und appetitlichen Miniaturtörtchen, die einem das Wasser im Mund zusammenlaufen lassen.

Praktische Informationen

Office de Tourisme, F-50100 Cherbourg, 2, quai Alexandre III, ☎ 02 33 93 52 02, FAX 02 33 53 66 97.

Linien Paris–Lisieux–Caen–Bayeux– Carentan–Cherbourg sowie Rouen–Lisieux–Caen.
Cherbourg–Barfleur–St-Vaast-la-Hougue–Carentan–St-Lô.

Tipp **Stadtführungen:** Im Juli/Aug. jeweils Mi und Sa ab dem Office de Tourisme.

Hôtel Mercure, Gare Maritime, ☎ 02 33 44 01 11, FAX 02 33 44 51 00. Gegenüber vom Fährhafen. $$
Moderna, 28, rue Marine, ☎ 02 33 43 05 30, FAX 02 33 43 97 37. Kleine, zentrale Unterkunft. $$
Chantereyne, Port de Plaisance, ☎ 02 33 93 02 20, FAX 02 33 93 45 29. Jachthafen und Schwimmbad liegen in der Nachbarschaft. $$
Ambassadeur Hôtel, 22, quai Caligny, ☎ 02 33 43 10 00, FAX 02 33 43 10 01. Mitten im Stadtzentrum. $

Les Tourelles, in Tourlaville, ☎ 02 33 20 10 81. Gepflegtes Anwesen und fabelhafte Küche. $$
Café de Paris, 40, quai Caligny, ☎ 02 33 43 12 36. Äußerst schmackhafte kleine Gerichte. $

Tipp Wer Golf spielen von der Pike auf lernen will, hat dazu im Golf Club Cherbourg Gelegenheit: **Golfplatz in La Glacerie,** Domaines des Roches, ☎ 02 33 44 45 48.

Am „Ende der Welt"

Im Westen von Cherbourg strebt die Route dem entlegensten Zipfel der Normandie zu. Fernsehantennen auf dem

Cherbourg: Basilika St-Trinité

Hoch zu Ross sitzt der Kaiser auf der Place Napoléon in Cherbourg

Trotzt Wind und Wetter: Cap de la Hague

8
Seite 74

Dach und geparkte Autos vor den Häusern der winzigen Weiler inmitten der kargen Hügellandschaft sind häufig die spärlichen Hinweise auf das 20. Jh. Frischer Wind jagt Wolkenfetzen über die weite Bucht zwischen **Urville-Nacqueville** und **Landemer.**

Tipp Wanderer können auf einem Trampelpfad dem Weg in Richtung Cap de la Hague folgen. Kaum irgendwo in der Region macht sich die Entfernung vom städtischen Frankreich so reizvoll bemerkbar wie in dieser Gegend. Der Leuchtturm am Kap markiert das wind- und wettergeprüfte Ende des Kontinents. Parzellierte kurz geschorene Weiden und Häuser aus Feldsteinen, die sich in Erdsenken ducken, lassen in diesem abgelegenen Winkel Vergleiche mit Irland zu.

Westlicher Cotentin

Lieblicher zeigt sich die Westküste des Cotentin, die unmittelbar am Kap beginnt. Verlassen, als hätte sie nie ein Mensch betreten, schlägt die **Baie Ecalgrain** unterhalb der grünen Wiesen einen Bogen aus grauem Sand und schwarzem Granit. Als Felskanzel ragt der 127 m hohe **Nez de Jobourg,** Europas höchste Klippe, über die Steilküste hinaus. Über **Herqueville** zieht sich die kurvige Küstenstraße nach Süden und gibt den Blick auf die malerische Bucht Anse de Vauville frei.

Gewaltiger Tidenhub

Je weiter man entlang der Westküste in Richtung Bucht von St-Michel fährt, desto deutlicher machen sich die extremen Unterschiede zwischen Ebbe und Flut bemerkbar, die max. 14 m betragen – fast ein Weltrekord, denn größere Unterschiede gibt es nur in der kanadischen Bay of Fundy. Beobachten lässt sich dieses Phänomen gut im Hafen von **Diélette**.

8

Seite 74

Zu den stärker frequentierten Badeküsten der Gegend gehört die Ecke um **Barneville-Carteret** mit dem vorspringenden **Cap de Carteret.** Dieser Küstenpfad ist Teil des Fernwanderweges GR 223. Der Zöllnerpfad Sentier des Douaniers folgt hier in einem Bogen der Küste des Cotentin.

Lessay liegt landeinwärts im Mündungsgebiet des Flüsschens Ay. Viele Besucher lockt die Besichtigung der frühromanischen Klosterkirche der ehemaligen Benediktinerabtei (🕓 tgl. 8–19 Uhr; Führungen im Sommer 11 und 15 Uhr). Es gleicht einem Wunder, dass das Bauwerk nach schweren Zerstörungen im Zweiten Weltkrieg aus dem originalen Material neu entstand und 1958 eingeweiht werden konnte.

Tipp Jeweils am zweiten Wochenende im September erwacht Lessay aus seiner ländlichen Beschaulichkeit. Seit dem 13. Jh. findet der Heilig-Kreuz-Markt statt, der Ziel vieler Händler und Schausteller sowie großer Menschenmassen ist. Während sich die Kinder auf dem Jahrmarkt amüsieren, besuchen die Erwachsenen Pferde- und Hundeausstellungen.

Abseits der Hauptstraße wacht das **Château de Pirou** über die Gegend. Vor mehr als 800 Jahren wurde die heute älteste Burg der Normandie zum Schutz von Coutances angelegt. Nicht von ungefähr laufen hier Gänse herum. Sie erinnern an die Belagerung durch die Wikinger. Als diese laut Legende schließlich die Festung einnahmen, mussten sie feststellen, dass hinter den schützenden Mauern nur ein Greis lebte, der berichtete, dass sich die übrigen Bewohner in Gänse verwandelt hätten und davongeflogen seien. Die Gänse kehren nun jedes Jahr an die Cotentinküste zurück, um nach dem Buch zu suchen, in dem sie die Anleitung für ihre Rückverwandlung finden.

Coutances (13 000 Einw.). Das Provinzstädtchen lässt seine ehemalige Bedeutung als religiöses und geistiges Zentrum nur noch erahnen. Die Häuser

gruppieren sich um die unter Kunstkennern berühmte ** *Cathédrale Notre-Dame,* eines der schönsten und reinsten Beispiele normannischer Hochgotik. Nach einem Großbrand im Jahr 1218 entstand auf den Ruinen der alten Kirche ein Neubau, der die Relikte des Vorgängerbaus formvollendet integrierte. Der Bau strahlt seine überwältigende Wirkung nicht etwa durch eine reiche Ornamentik aus, sondern durch seine Dimensionen und präzise Geometrie.

Tipp In **Blainville-sur-Mer,** auf der Höhe von Coutances, kann man in der Coopérative d'Aquaculture de Basse Normandie (Le Marais, ☎ 02 33 47 13 47, 📠 02 33 47 36 09, Mo–Fr 9–11 und 13.30–15.30 Uhr) bei Führungen die lokale Austernzucht besichtigen.

Granville

Schon von weitem ist der auf einem Felsrücken gelegene Badeort (12 500 Einw.) auszumachen. Er verdankt seinem Kasino den Beinamen „Monaco des Nordens". Der Ort, aus dem – am Rande bemerkt – Modeschöpfer Christian Dior stammt, hat sich bis heute das Flair eines betriebsamen Fischereihafens bewahrt. Im Hafen sorgen rostige Ankerketten und Fischreusen, blankpolierte Jachten und Fischkutter für die typische Atmosphäre. Seit dem 19. Jh. verwandelt sich Granville im Sommer in einen Bade- und Kurort.

Aus historischer Sicht ist Granville eine Ausnahmeerscheinung: Gründer waren zu Beginn des 15. Jhs. nämlich Engländer, die von dort den Mont-St-Michel erobern wollten. Das Unternehmen scheiterte. Die Erbauer wurden von den Franzosen 1442 endgültig aus der Gegend vertrieben. Aus der damaligen Zeit stammt die ummauerte ** *Oberstadt,* die wie eine Festung auf dem

Normannische Hochgotik pur: die Kathedrale von Coutances

8

Seite 74

Felsen liegt und sich über die Jahrhunderte hinweg häufig Angreifern zur Wehr setzen musste. Stilecht ist der mittelalterliche Zugang vom Hafen her über eine Zugbrücke an der Grand'Porte. Von der Anhöhe gleitet der Blick landeinwärts über die Stadtmauer und die Dächer hinweg, während er aus den Fenstern der bis zu 500 Jahre alten Granithäuser an klaren Tagen bis zu den Iles Chausey am Horizont reicht. Ein Spaziergang in luftiger Höhe führt an der Stadtmauer entlang zum westlichen Endpunkt der Oberstadt.

Hier oben an der *Pointe du Roc* markiert ein Leuchtturm die nördliche Grenze der Bucht von St-Michel.

Maison de Tourisme, F-50400 Granville, 4, cours Jonville, ☏ 02 33 91 30 03, FAX 02 33 91 30 19.
Paris-Argentan-Granville.
Granville-Avranches-Mont-St-Michel sowie Granville-Coutances.

Hôtel des Bains, 19, rue Clémenceau, ☏ 02 33 50 17 31, FAX 02 33 50 89 22. In der Unterstadt neben dem Kasino gelegen. ($)

La Gentilhommière, 152, rue Couraye, ☏ 02 33 50 17 99. Zu den Spezialitäten des Hauses zählt ein delikates Hummerragout. ($)

Normannische Brotzeit

Südlich des Ortskerns von Lingreville an der Kreuzung der Straßen B 20 und B 298 steht die *Boulangerie authentique*, eine Bäckerei, der ein sehr einfaches Dorfcafé angeschlossen ist. Der Bäckermeister ist für sein typisch normannisches Bauernbrot aus Mischmehl mit schöner Kruste bekannt, das am Vormittag nicht nur im ganzen Haus einen unwiderstehlichen ofenfrischen Geruch verbreitet.

8

Seite 74

Route 9

Wo Menschen Steine wachsen ließen

Von Granville zum Weltwunder * Mont-St-Michel (60 km)**

Einem Geisterschiff ähnlich, das unter geblähtem Dreieckssegel durch den Nebel treibt, lösen sich die pyramidenförmigen Konturen des Mont-St-Michel aus dem Dunst, der nur allzu oft Himmel und Wasser über der Bucht ineinander verschwimmen lässt. An den Uferzonen zupfen Schafe salzige Halme von den Wiesen, die bei Flut wie winzige Inseln im flachen Wasser treiben. Der Klosterfelsen Mont-St-Michel ist zum bekanntesten Reiseziel der Normandie geworden, dem das Prädikat „Weltwunder" nicht grundlos anhängt. Aber nicht die Geschichtsträchtigkeit des Klosters allein macht seinen Reiz aus. Gleichermaßen attraktiv ist seine Lage im Wattenmeer in der weiten Baie du Mont-St-Michel.

Auf der Küstenstraße bis Avranches

Südlich von *Granville* führt die Küstenstraße durch die Ortschaft *St-Pair-sur Mer*, die nach dem hl. Paterne (oder St-Pair) benannt ist, der dort 540 ein Kloster gründete und sich die Christianisierung des Küstenstrichs auferlegte. Die Kirche besitzt einen frühromanischen Turm; im Chor aus dem 14. Jh. liegt das Grab des Heiligen. Am Windsurferparadies *Kairon-Plage* vorbei, erreicht man den Badeort *Julouville*.

Ab etwa *Carolles* werden die Felsen schroffer, wird der Blick auf den entfernten Mont-St-Michel immer besser. Bei entsprechendem Wetter ist der Halt am Felsvorsprung *Pointe de Champeaux* empfehlenswert.

Rapsfelder im Marais Vernier

Avranches

Die Geschichte der größten Stadt (10 500 Einw.) an der *Baie du Mont-St-Michel* ist eng mit der des berühmten Klosterfelsens verknüpft. Schließlich war es ihr Bischof Aubert, der im 8. Jh. das Kloster gründete. Schon in den vorausgegangenen Jahrhunderten war Avranches ein aufstrebendes Verwaltungszentrum. Ab dem 10. Jh. entstanden in der Stadt Befestigungsanlagen, von denen nur noch die *Tour Baudange* und die *Tour de l'Arsenal* hinter dem Rathaus unterhalb des Bergfrieds existieren.

Exponate zur Lokalgeschichte im Musée Municipal in Avranches

Tipp Dieser zentrale Platz bietet sich als Ausgangspunkt einer Stadttour an, zumal sich dort das Fremdenverkehrsbüro befindet, in dem man sich einen Stadtplan holen kann.

An der Nordseite des Platzes führt ein ausgeschilderter Treppenweg zum ehemaligen Amtssitz des Bischofs, dem *Palais épiscopal*. Mehrfach restauriert, entstand der Bau des heutigen Justizpalastes im 15. Jh. Schaustück des Gebäudes ist eine Wandelhalle mit Kreuzrippengewölbe. In der Nachbarschaft hat das *Tribunal de l'Officialité* (Geistliches Gericht) seinen Platz, dessen Räume vom ** *Musée Municipal d'Avranches* bezogen wurden. Einzigartig ist die dort ausgestellte Sammlung illuminierter Handschriften.

Der Schädel des Bischofs Aubert in St-Gervais, Avranches

Vom Museum aus wird der Weg am ehemaligen Palast des Dekans, *Doyenné* (26, rue de l'Auditoire), vorbei zu einer Grünanlage fortgesetzt, die als „Plattform" bezeichnet wird. Im 12. Jh. stand auf diesem Platz die Kathedrale

9
Seite 74

St-André, der an gleicher Stelle schon drei Vorgängerbauten vorausgingen, von denen der älteste bereits im 5. Jh. errichtet wurde. Anstelle des spurlos verschwundenen Sakralbaus erinnert die Inschrift der Steinplatte an eine Begebenheit von großer historischer Bedeutung: Am 22. Mai 1172 kniete hier im Büßergewand König Henry II von England, um öffentlich Abbitte für seine Beteiligung am Mord des Erzbischofs von Canterbury zu leisten.

In *St-Gervais* mit dem 74 m hohen Glockenturm aus grauem Granit wird in der Schatzkammer der Schädel von Bischof Aubert, dem Gründer des Klosters *Mont-St-Michel,* aufbewahrt. Von der Kirche aus geht es über die *Place St-Aubert* in Richtung Rathaus zurück.

i Office de Tourisme, 2, rue du Général-de-Gaulle, Avranches, ☎ 02 33 58 00 22, FAX 02 33 68 13 29.
Caen–Rennes.
Mont-St-Michel und Granville.

Le Littré, Pl. de la Mairie, ☎ 02 33 58 01 66. Selbst die kleineren Gerichte werden in diesem freundlichen Lokal schmackhaft zubereitet. ($)

Sich in Ruhe betten ...

Zwischen Avranches und dem Mont-St-Michel liegt im Dorf St-Quentin-sur-le-Homme das ruhige, gemütliche Drei-Sterne-Hotel Le Gué du Holme (☎ 02 33 60 63 76, FAX 02 33 60 06 77; ($)) mit guter regionaler Küche.

*** Mont-St-Michel

Falls je ein abgebrochenes Stückchen Himmel auf der Erde landete, muss es sich um den Mont-St-Michel handeln. In archaischer Erhabenheit ragt der Klosterfelsen einsam aus der spiegelnden Wattlandschaft der Baie Mont-St-Michel, ein zeitloses Monument menschlicher Hoffnung und Zuversicht. Seit Jahrhunderten strömen Pilger aus allen Teilen Europas herbei, um sich hier Seelentrost zu holen – an jener Stelle, wo sich Erde und Himmel näher zu sein scheinen als sonstwo.

Man kann den Mont-St-Michel auf eigene Faust erkunden (🕓 im Sommer 9–17.30, im Winter 9.30–16.30 Uhr; 1. Jan., 1. Mai, 1. und 11. Nov. sowie 25. Dez. geschl.). Das Kloster selbst ist nur im Rahmen von Führungen zu besichtigen. Gezeigt werden neben den Abtsgebäuden, der Kapelle *St-Aubert,* der Abtskirche und der Kirche *Notre-Dame-sous-Terre* auch La Merveille und der großartige Kreuzgang.

Am Anfang war der markante Berg nichts anderes als ein grober Felsen von etwa 900 m Länge und 78 m Höhe, der sich aus der flachen Bucht erhob, und auf dem – so die Überlieferung – im Jahr 708 der damalige Bischof von Avranches im Auftrag des Erzengels

Pyramide Gottes

Wenn die angestrahlte Glaubensfestung nachts wie das Leuchtfeuer aus einer anderen Welt den Weg durch die Dunkelheit weist, hat der Mont-St-Michel nichts von seiner Ehrfurcht gebietenden Würde und Größe verloren. Sobald der neue Tag über der im Osten gelegenen Bischofsstadt Avranches dämmert und sich die ersten Blechlawinen über den Damm in Richtung Kloster bewegen, erlebt die „Pyramide Gottes" eine seltsame Verwandlung in einen touristischen Ameisenhügel. Hunderttausende kommen Jahr für Jahr zum Sightseeing; viel kleiner ist die Schar derjenigen, die göttlichen Trost oder religiöse Erfüllung suchen. Nach einem langen Tag leert die anbrechende Nacht die steilen Gassen des Mont-St-Michel und aus den Parkplätzen wird wieder ein Stück sandige Bucht.

9

Seite 74

Michael eine kleine Kapelle errichtete. Aber erst viel später, 966, erfolgte auf Betreiben des normannischen Herzogs Richard I die formelle Gründung eines Benediktinerklosters. 30 Mönche errichteten als erstes über dem Oratorium des später heilig gesprochenen Aubert eine vorromanische Kirche mit sieben Jochen, die später überbaut wurde und deshalb den Namen Notre-Dame-sous-Terre (Heilige Muttergottes unter der Erde) bekam. Mit der Errichtung der Abteikirche wurde im 11. Jh. die erste Bauphase auf dem Klosterfelsen abgeschlossen.

Der zweite Bauabschnitt dauerte etwa von 1180 bis zur Wende vom 12. zum 13. Jh. Während dieser Zeit entstand ein Kloster im romanischen Stil sowie ein neues Konventsgebäude. Der dritte, gotisch geprägte Bauabschnitt setzte zu Beginn des 13. Jhs. ein, nachdem die Normandie Teil Frankreichs geworden war. Damals schufen die Baumeister über romanischen Bauteilen ** *La Merveille,* jenen Ost- und Westflügel des Klosters, der nicht zu Unrecht als architektonische Glanzleistung bezeichnet wird. Zwei Etagen dieses Bautrakts wurden mit einem Gäste- sowie einem Rittersaal ausgestattet, während das Refektorium und der phantastische **Kreuzgang das dritte Geschoss einnahmen.

Spätestens nachdem diese dritte Bauphase um 1228 abgeschlossen war, galt der Mont-St-Michel in ganz Frankreich als einer der heiligsten Orte, der in den folgenden Jahrhunderten durch

9
Seite 74

den Bau von Verteidigungsanlagen auch als Festung genutzt wurde. Nach baulichen Veränderungen und mit einem laxeren Klosterleben begann der Niedergang des Mont-St-Michel, der sich durch die Französische Revolution beschleunigte. Ein letzter architektonischer Eingriff erfolgte im ausgehenden 19. Jh.: Die Abteikirche bekam ihre nadelfeine Spitze.

Touristenmagnet

Seit Jahrzehnten entwickelte sich der Mont-St-Michel, inzwischen von der UNESCO zum „Weltkulturerbe" erklärt, zu einer international bekannten Touristenattraktion, die alljährlich von rund 1,5 Mio. Menschen besucht wird. In der Hauptsaison sind die Parkplätze vor dem Eingang trotz der mehrfachen Größe eines Fußballfeldes lückenlos belegt.

Tipp In der Grande Rue, die vom Haupteingang in einem Bogen an der Festungsmauer entlang zur Treppe Grand Degré führt, herrscht ein heilloses Gedränge. Lohnend ist ein Spaziergang außerhalb der Wehrmauer um den Klosterberg, der nur aus der Distanz seine außergewöhnliche Lage im Watt zu erkennen gibt.

i Syndicat d'Initiative, Corps de Garde des Bourgeois, F-50116 Mont-St-Michel, ☎ 02 33 60 14 30.
Bus: Mont-St-Michel und Pontorson, Anschluss nach Avranches.

La Vielle Auberge, ☎ 02 33 60 14 34, Fax 02 33 70 87 04. Einfache, aber saubere Zimmer. $-$$
St-Pierre et la Croix Blanche, ☎ 02 33 60 14 03, Fax 02 33 48 59 82. Elegantes Hotel auf dem Klosterberg. $$

La Mère Poulard, ☎ 02 33 60 14 01. Gute regionale Küche. $$

9

Seite 74

Route 10

Von Glockengießern und Schweizer Akzenten

Vom * Mont-St-Michel durch die Suisse Normande bis ** Caen (150 km)**

Die größtenteils leicht gewellte Normandie besitzt, topographisch betrachtet, nur einige wenige herausragende Punkte, und die konzentrieren sich in der Suisse Normande, der Normannischen Schweiz, südlich von Caen. Der Fluss Orne hat sich in dieser bergigen Gegend ein landschaftlich reizvolles Tal geschaffen, das sich inklusive seiner Umgebung für einen Aktivurlaub anbietet.

Natürlich klingt der Name Suisse Normande etwas zu vollmundig, wenn man als Vergleich die Schweizer Alpen heranzieht. Doch die landschaftlichen Reize ihrer Höhenzüge, die nicht über 365 m hinausreichen, sind abwechslungsreich und beeindruckend. Auf den Talsohlen folgen die Nebenstraßen sprudelnden Wasserläufen, an denen im Frühjahr Primeln ihre gelbe Duftkissen ausbreiten. Und oben auf den Höhenzügen, etwa der des Crêtes, gleichen die grünen Hochflächen mit ihren steil abfallenden Weiden tatsächlich einigen Gegenden des Alpenvorlandes.

Vom Mont-St-Michel nach Vire

Villedieu-les-Poêles (4300 Einw.) ist eine typisch normannische Kleinstadt, die zum größten Teil vom florierenden Handwerk, in diesem Fall der Metallverarbeitung, lebt. Auf einem Spaziergang durch die engen Gassen wird man mit den Erzeugnissen dieses Handwerks in Form von Kupferpfannen und -töpfen geradezu überschüttet.

Seite 75

Kupferne Küchengeräte aus lokaler Produktion in allen nur erdenklichen Größen und Formen bekommt man u.a. bei Ets Yves Gautier (28, pl. de la République, ☎ 📠 02 33 50 28 83, e-mail: y-gautier@sdn-diff.fr).

Tipp Aufregend ist der Besuch bei den Glockengießern, die ihr Handwerk nach traditionellen Techniken ausüben. In der *Fonderie de Cloches kann sich jeder davon überzeugen (Vorführungen in der Rue du Pont-Chignon, ☎ 02 33 61 00 56, 📠 02 33 90 02 99; 🕓 tgl. 8–12 und 13.30–17.30 Uhr, So/Mo Sept.–Juni nur nach Voranmeldung). In der mittelalterlich wirkenden Werkstatt werden große und kleine Glocken in Handarbeit hergestellt und in die ganze Welt exportiert.

Glockengießer bei der Arbeit in Villedieu-les-Poêles

Vire (15 000 Einw.). Das Wahrzeichen der kleinen Stadt ist die *Tour de l'Horloge*. Der Unterbau stammt aus dem 13. Jh.; der Glockentrum wurde zweihundert Jahre später darüber erbaut.

Der Turm gehört zu den spärlichen Relikten der Vergangenheit, die den Zweiten Weltkrieg unbeschadet überstanden haben. Zu diesen Resten zählt auch die in einer Schleife des Flusses Vire gelegene Ruine eines *Donjon* (erreichbar über die Place du Château).

Die Ruine des einst mächtigen Donjon von Vire

Tipp Im **Réserve Ornithologique** bei Vire, einem Vogelschutzgebiet, können Freunde der gefiederten Arten viele unterschiedliche Arten, darunter Kormorane und Zugvögel beobachten (Fernglas nicht vergessen!).

„Capitale de la Suisse Normande"

Clécy (1100 Einw.), die „Hauptstadt der Normannischen Schweiz" bietet ein vielfältiges Freizeitangebot. So gehören zum sommerlichen Bild auf der nahe gelegenen Orne bunte Kajaks und Kanus. Neben zahlreichen kürzeren Wanderwegen führen auch Fernwan-

Clécy, die „Hauptstadt der Normannischen Schweiz"

10

Seite 75

derwege durch die Region (GR 36, 145 km, Ouistreham–Ecouché; GR 221, 52 km, Pont-d'Ouilly–Bény-Bocage).

Office de Tourisme, Place du Tripot, F-14570 Clécy, ☏ 02 31 69 79 95; Office de Tourisme, 29, rue du 6 Juin, Condé-sur-Noir, FAX 02 31 69 27 64; Office de Tourisme, Place St-Sauveur, F-14220 Thury-Harcourt, FAX 02 31 79 70 45.
Ab Caen bzw. Flers.
Bus Verts von Caen–Thury-Harcourt–Clécy–Condé-sur-Noireau–Flers.

Le Moulin du Vey, mit den beiden Dependancen „Manoir du Placy" und „Relais de Surosne", bei Clécy, ☏ 02 31 69 71 08, FAX 02 31 69 14 14. Sehr gepflegte Unterkünfte in ruhiger Umgebung. $$
Relais de la Poste, Thury-Harcourt, rte. de Caen, ☏ 02 31 79 72 12, FAX 02 31 39 53 55. Kleines Hotel, das auch Halbpension anbietet. $$
Le Site Normand, Clécy, 1, rue des Châtelets, ☏ 02 31 69 71 05, FAX 02 31 69 48 51. Kein großer Komfort, praktisch, preiswert. $
La Ferme du Manoir, in Le Vey bei Thury-Harcourt, ☏ 02 31 69 73 81. Stimmungsvolle Unterkunft. $

Chalet de Cantepie, Clécy, ☏ 02 31 69 88 88, FAX 02 31 69 66 72. Typische Gerichte, zivile Preise. $
Relais de la Poste (s. o.). Bester Platz am Ort für ein Tellergericht oder ein mehrgängiges Menü. $

Tipp **Aktivitäten:** Wandern, Reiten, Drachenfliegen in St-Omer, Golf, Segel- und Motorfliegen, Klettern, Bergsteigen, Angeln, Kanu, Kajak.

Auf der Route de la Suisse Normande

Ab Clécy ist unter diesem Namen eine Tagestour ausgeschildert, die durch die schönsten Landstriche der Region verläuft. Große Sehenswürdigkeiten sucht man hier vergeblich, denn die Sympathieträger dieser Region sind eher ausgeprägte Ländlichkeit und ruhige Naturszenerien, die zum Wandern, zum Radfahren oder zu anderen Aktivitäten einladen. Bei St-Rémy verlässt die Route das enge Tal der Orne und windet sich in Kehren die sonnenbeschienenen Hügelflanken zur **Route des Crêtes** hinauf, die ein Stück des Weges Richtung Thury-Harcourt auf der gewellten Hochebene zurücklegt. Der einzige Ort, an dem sich manchmal der Autoverkehr verdichtet, ist **St-Omer.** Die Natur hat bei den *Rochers de la Houle* oberhalb der Klippen einen Schanzentisch geschaffen, der für Drachenflieger wie geschaffen ist.

Rund 5 km südwestlich von St-Omer (A 26/Ausfahrt 3 oder 4) liegt das Zentrum für die Geschichte von Krieg und Raumfahrt **La Coupole** (🕓 1. April bis 31. Okt 9–19, 1. Nov.–31. März 10 bis 18 Uhr).

Thury-Harcourt (1800 Einw.). Ähnlich wie Clécy hat sich auch dieser Ort als nördliches Tor zur Normannischen Schweiz zu einem kleinen touristischen Zentrum entwickelt. Das Schloss der Herzöge von Harcourt fiel 1944 einem Feuer zum Opfer und ist heute nur noch ein Ruinenfeld in einer prächtigen Parkanlage.

An sonnigen Hochsommertagen lässt sich ein Parkspaziergang durch eine etwa 5 km lange Wanderung verlängern. Am nördlichen Ortsausgang von Thury-Harcourt wird die Orne durch die Felsen an ihrem Ufer zum *Boucle du Hom* gezwungen, einer Schleife, der der Spaziergänger auf einem Weg folgen kann. Die Hauptstraße biegt beim Ort vom Flusstal ab und erreicht nach 26 km in ** **Caen** (s. S. 40) den Endpunkt der Tour.

Tipp Eine landschaftlich lohnende Nebenstrecke schlägt im Westteil der Suisse Normande einen großen Bogen ums Ornetal und klettert zum *Mont Pincon* hinauf – mit 365 m die höchste Erhebung im weiten Umkreis.

Praktische Hinweise von A–Z

Ärztliche Versorgung

Notdienste der Apotheken *(Pharmacies)* stehen in der Lokalpresse und werden in den Apotheken angezeigt.

Wer sich vor Krankheiten im Ausland schützen will, muss tiefer in die Tasche greifen. Obwohl zwischen Deutschland und Frankreich ein Sozialversicherungsabkommen besteht, ist der Versicherungsschutz durch die gesetzlichen Krankenkassen nicht garantiert.

Nicht alle Ärzte akzeptieren den Auslandskrankenschein; sie rechnen stattdessen lieber privat mit dem Urlauber ab. Um eine problemlosere ärztliche Versorgung gewährleistet zu haben, ist deshalb der Abschluss einer privaten Reisekrankenversicherung fürs Ausland sinnvoll.

Diplomatische Vertretungen

Deutschland
Botschaft: 13–15, av. Franklin-D.-Roosevelt, F-75008 Paris,
☏ 01 53 83 45 00, FAX 01 43 59 74 18.
Deutsches Honorarkonsulat:
43, rue Jean Lecanuet,
F-76000 Rouen, ☏ 02 35 88 16 52,
FAX 02 35 88 79 78.

Österreich
Botschaft: 6, rue Fabert,
F-75007 Paris, ☏ 01 40 63 30 63.
Visa- und Konsularabteilung:
17, av. Villars, 75007 Paris,
☏ 01 40 63 30 90.

Schweiz
Botschaft: 142, rue de Grenelle,
F-75007 Paris, ☏ 01 49 55 67 00,
FAX 01 40 61 91 95.
Konsulat: 15, rue Jules Siegfried, F-76600 Le Havre, ☏ 02 35 42 22 35, FAX 02 35 42 22 73.

Einreise

Obwohl seit der Öffnung der europäischen Grenzen Bürger aus der Europäischen Union (EU) eigentlich beim Grenzübertritt keiner Kontrolle mehr unterliegen, dürfte es eine Selbstverständlichkeit sein, nicht ohne den Personalausweis zu verreisen.

Für Schweizer gilt weiterhin, dass sie bei der Ein- und Ausreise im Besitz eines gültigen Reisepasses sein müssen.

Feiertage

Neujahrstag, Ostermontag, 1. Mai, 8. Mai (Waffenstillstand 1945), Christi Himmelfahrt, Pfingstmontag, 14. Juli (Nationalfeiertag), 15. August, 1. November, 11. November (Waffenstillstand 1918), 25. Dezember.

Geld und Währung

Die Währungseinheit ist der französische Franc (FF). 1 Franc sind 100 Centimes (c). Im Umlauf befinden sich Münzen zu 10, 5, 2, 1 FF und 50, 20, 10 und 5 c sowie Banknoten zu 500, 200, 100, 50 und 20 FF.

Eurocheques werden seit geraumer Zeit nicht mehr gerne akzeptiert. Es ist aber auch möglich, mit der Eurochequekarte an zahlreichen *Crédit Mutuel* oder EC-International-Automaten Bargeld abzuheben.

Kreditkarten werden in den meisten Hotels und Restaurants akzeptiert. Nur in ländlichen Gegenden kann es bei der Bezahlung mit Plastikgeld Probleme geben.

Wechselkurs: 100 FF = 28,60 DM.

Gegen Ende des Urlaubs sollte die Bargeldmenge möglichst genau kalkuliert werden. Der Rücktausch bringt meistens etwas Verlust. Unbegrenzte Devisenein- und -ausfuhr.

Information

Informationen und Prospekte sind bei den Fremdenverkehrsämtern erhältlich:

Deutschland
Maison de la France, Französisches Fremdenverkehrsamt, Postfach 100 128, D-60001 Frankfurt/M.,
☎ 01 90/57 00 25, Fax 01 90/59 90 61;
Keithstr. 2–4, D-10787 Berlin,
☎ 01 90/57 00 25,
Fax 0 30/2 14 12 38.

Österreich
Maison de la France,
Argentinierstr. 41, A-1040 Wien
☎ 01/5 03 28 90, Fax 5 03 28 71.

Schweiz
Löwenstr. 59, CH-8023 Zürich,
☎ 01/2 11 30 85/86, Fax 2 12 16 44.

Frankreich
Comité Régional de Tourisme de Normandie, 14, rue Charles-Corbeau, F-27000 Evreux, ☎ 02 32 33 79 00, Fax 02 32 31 19 04.

E-Mail: normandy@imaginet.fr
Internet: http://www.normandy-tourism.org

Öffnungszeiten

In Frankreich gibt es kein striktes Ladenschlussgesetz.

Banken: Di–Fr 9–12 und 14–16 Uhr, Sa und Mo geschlossen.

Geschäfte: wochentags von 8–12 und von 14–19 Uhr geöffnet.

Hypermarchés: 9–21 Uhr.

Postämter: Sie sind Mo–Fr 9–19 Uhr (auf dem Lande Mo–Fr 8–12 und 14 bis 18.30 Uhr) sowie Sa bis 12 Uhr geöffnet.

Die meisten staatlichen Museen sind Mo oder Di sowie zwischen 12 und 14 Uhr geschlossen. Die Öffnungszeiten kleiner Museen werden sehr flexibel gehandhabt. Auskünfte über das Syndicat d'Initiative bzw. Office de Tourisme der jeweiligen Orte.

Post / Postgebühren

Briefmarken *(timbres)* gibt es bei der Post, aber auch in Zigarettenläden *(Tabac)* und Bars *(Bar-Tabac)*.

Deutschland/Österreich/Schweiz: Postkarte und Brief (bis 20 g) 3 FF.

Souvenirs

Die populärsten Reiseandenken dieser Region sind verzehrbar. Dauert die Heimreise nicht zu lange, kann man sich mit Rohmilchkäse versorgen. Ein haltbareres Geschenk ist eine Flasche Calvados.

Telefon

Die *Télécarte* (50 bzw. 120 Einheiten) gibt es natürlich bei der Post oder in den Tabakläden *Bar-Tabac* zu kaufen. Beim Ortsgespräch kostet eine Einheit (3 Minuten) 2 FF. Der Billigtarif für Ferngespräche gilt täglich von 21.30 bis 8 Uhr, Sa ab 14 Uhr bis Montagmorgen um 8 Uhr, außerdem an Feiertagen.

Die Telefonnummern sind landesweit einheitlich zehnstellig mit einer Null am Anfang. Bei einem Anruf oder Fax aus dem Ausland entfällt nach der Landesvorwahl 00 33 die Null. Handys im D1- und D2-Netz sind erlaubt.

Vorwahl Deutschland: 00 49.
Vorwahl Österreich: 00 43.
Vorwahl Schweiz: 00 41.

Zollbestimmungen

Reisende aus EU-Ländern unterliegen bei der Einfuhr von Waren für den persönlichen Bedarf keinen Einfuhrbeschränkungen mehr. Für den privaten Verbrauch dürfen somit 800 Zigaretten, 400 Zigarren, 1 kg Rauchtabak und 10 l Spirituosen sowie 90 l Wein pro Person ab 17 Jahren mitgenommen werden.

Schweiz
Waren bis zum Gesamtwert von 200 sfr plus 200 Zigaretten oder 50 Zigarren bzw. 250 g Tabak, 1 l Spirituosen über oder 2 l unter 15° und 2 l Wein.

Register

Orts- und Sachregister

Personenregister